湖南省教育规划重点课题
"基于动作发展的幼儿体育操普乐课程模式的构建与推广研究"
（课题编号：XJK21ATW001）

大众蹦床游戏

150例

毕菊梅　　龙克威　　彭庆文　主编

北京体育大学出版社

策划编辑：韩培付　仝杨杨
责任编辑：曹晓燕
责任校对：仝杨杨
版式设计：李　鹤

图书在版编目（CIP）数据

大众蹦床游戏150例 / 毕菊梅，龙克威，彭庆文主编.
北京 ： 北京体育大学出版社，2024. 12. -- ISBN 978-7-
5644-4231-6

Ⅰ．G838

中国国家版本馆CIP数据核字第2024D9R295号

大众蹦床游戏150例
DAZHONG BENGCHUANG YOUXI 150 LI

毕菊梅　龙克威　彭庆文　主编

出版发行：北京体育大学出版社
地　　址：北京市海淀区农大南路1号院2号楼2层办公B-212
邮　　编：100084
网　　址：http://cbs.bsu.edu.cn
发 行 部：010-62989320
邮 购 部：北京体育大学出版社读者服务部 010-62989432
印　　刷：三河市龙大印装有限公司
开　　本：787mm×1092mm　　1/16
成品尺寸：185mm×260mm
印　　张：11.25
字　　数：215千字
版　　次：2024年12月第1版
印　　次：2024年12月第1次印刷
定　　价：46.00元

编委会

序

  大众蹦床是近些年来在国内兴起的一项体育运动。它在促进孩子生长发育、培养其平衡能力、加强其下肢及核心力量等方面有着独特的作用。在国内，随着一批有识之士的深入推广，大众蹦床的普及程度越来越高，呈现出生活化、娱乐化、专业化等特点。

  湖南省体操运动协会大众蹦床专业委员会（以下简称"专委会"）就是推广该项目卓有成效的优秀代表。我曾在多种场合说过："湘水悠悠起波澜，大众蹦床有湖南。"专委会成立三年来，致力于推动大众蹦床进校园、进千家万户，取得了显著成效。专委会提出的"蹦得乐、跳得高、看得远"的项目文化理念，构建的"区域线上积分赛、线下擂台赛、省级争霸赛"三级赛制体系，开展的"蹦蹦斗""蹦蹦靓"活动，都颇具创新性，极大地带动了大众蹦床在湖南的发展。目前，专委会已在全省构建起了一整套完善的大众蹦床的发展机制，参与的中小学校和幼儿园有200余所；围绕"教会、勤练、常赛"的原则，专委会开展了数十场面向全省的教练员、裁判员培训；举办了百余场颇有影响力的各级比赛，积累了丰富的教学、训练、赛事和推广工作经验。本书的出版更是他们在日常教学和训练中落实"蹦床+"项目理念的创新成果，有了这些游戏案例，可以让蹦床的玩法更加丰富，将这些游戏案例运用到课堂教学和游戏活动中，能帮助孩子们更好地享受蹦床运动的乐趣。

  希望专委会继续发扬"敢为天下先"的湖湘精神，为我国大众蹦床事业发展做出更大的贡献！

中国蹦床与技巧协会副主席兼秘书长

国家体育总局体操运动管理中心副主任

2024 年 8 月

自序

蹦床是一项运动员利用蹦床的反弹作用在空中表现杂技技巧的竞技运动，属于体操运动的一种，有"空中芭蕾"之称。2000年，蹦床被悉尼奥运会列为正式比赛项目。近年来，在国家体育总局和中国蹦床协会的大力推动下，蹦床运动在我国发展十分迅速。国家蹦床队自成立以来，在短短的十几年时间里就在世界锦标赛、奥运会等一系列大赛中获数枚金牌。同时，蹦床运动也逐渐走向娱乐化、大众化，不仅游乐场的蹦床设施随处可见，不少健身房、中小学校、幼儿园也引进了大众蹦床项目，为人们提供了一种新型的休闲、锻炼、娱乐方式。

喜爱蹦跳是孩子的天性，他们尤其喜欢能够让自己弹起来的器具，家里的席梦思床常常是孩子们玩耍的天堂，因此，在孩子们中间推广大众蹦床具有天然的优势。大众蹦床不仅可以锻炼孩子的平衡能力与协调性，提高其核心及下肢力量，还可以促进孩子的大脑发育，提高其注意力，增强其免疫力，甚至有助于其长高和预防其近视。这项运动让孩子在玩耍的同时既能享受到运动的快乐，又能达到锻炼身体、增强体质、磨炼意志的目的。

湖南省体操协会大众蹦床专业委员会（以下简称"专委会"）成立于2021年，在"蹦得乐、跳得高、看得远"的基本理念指导下，专委会培训部首先把注意力集中在幼小阶段的体育课堂、体育竞赛中，不断推出新的大众蹦床的课程内容，除了"蹦床+"的套路研发与推广外，蹦床游戏的开发是培训部的又一个创举，目的就是丰富大众蹦床的课程内容，让孩子们喜欢上蹦床运动。

本书将大众蹦床的技术动作和游戏紧密结合起来，在学生掌握基本的大众蹦床技术动作的基础上，逐步提升其规则意识、竞争意识、团队精神等。

本书在内容上，按照学生年龄段划分为初级组（9岁以下）、中级组（9～12岁）和高级组（12岁以上），教师可以根据具体情况选择合适的级别组织游戏。

初级组（9岁以下）的游戏设计从走、跑、跳、钻、爬、投掷等基本动作发展的角度出发，结合教学场地的环境与条件，利用蹦床（本书游戏中使用的蹦床皆为小蹦床）、泡沫棒、标志碟、沙包等教具，以航天员历险记、丛林大冒险、穿越隧道、枪林弹雨等场景带入，同时以球类、绳类、呼啦圈等生活中常见又深受孩子们喜欢的器材作为媒介，将孩子们化身为"小青蛙""小猴子""小兔子"等动物形象，设计了"移动类""非移动类""操控类"三大类游戏活动共50例，为教师开展简便易行的游戏活动开拓了思路。

中级组（9～12岁）的游戏设计根据身体素质类型划分为"跳跃类""对抗类""灵敏

类""搬运类""力量类""平衡类""速度类""支撑类"等八大类，共设计蹦床游戏46例，以提高学生的奔跑、跳跃、闪躲等基本运动技能，多方面发展学生的灵敏性、协调性、力量、反应能力等身体素质。

高级组（12岁以上）分为两大模块共54例蹦床游戏，第一模块为基础蹦床游戏，第二模块以蹦床＋运动项目（如蹦床＋球类、蹦床＋操舞、蹦床＋跳绳）的形式予以呈现，将蹦床与其他运动项目的结合表现得淋漓尽致。

本书在内容的分布与组织上呈现了循序渐进、深入浅出的特点，在强调实践性的同时，也非常重视基础理论知识对实践活动的指导，具有很强的实用性和可操作性。在设计类别上，游戏的种类齐全，方法独特，对相应学段的学生会有很大的帮助；在设计内容上，游戏的实践性较强，每一例游戏都包含了适合对象、游戏价值、相关练习、器材准备、注意事项、游戏组织、游戏做法、游戏图解、拓展提示、二维码视频10个部分，教师很容易接受和实施；每一例游戏都有相应的主题，并图文并茂，学生们能"学中乐、乐中学"，在提高身体素质的同时也使脑力得到锻炼；充分体现蹦床运动"蹦得乐、跳得高、看得远""快乐向善、玩练有功"的项目理念。

作为专委会的现任主任，也是本书的作者之一，要特别感谢专委会的毕菊梅、龙克威两位部长，是他们的具体组织与领导，本书的撰写才得以顺利完成；特别感谢吉尼斯世界纪录保持者、泛太平洋世界冠军胡子超对本书专业、严格的审核，以及在本书的编撰中做的大量工作；特别感谢刘继云、文鲲鹏、邱雅馨，正因为他们对本书的初级、中级、高级游戏内容的检验和修改，才能够让本书的每一个游戏内容精益求精；感谢孙缘、周琳、彭熙、危维、雷曼、宾俐、胡文、周智娟、王雯、石彰明、曹帅、易煌铎、邓魅力、胡隆香、邹勇、戚家广、罗子豪、武晓明、廖娟、李静、李果、黄波、陈怡静、付庭如、金莎、杨剑、高倩、上官爱文、郝娜、向雅倩、陈叶南、吕永旺、李一豪、周权教师（排名不分先后），他们在整本书的素材收集、编撰、校对等工作中付出了大量的劳动；同时，感谢社会各界朋友对本书出版的大力支持。

本书中难免有疏漏之处，我们殷切期望业界同人、读者能给予及时的指正，我们更期待我国大众蹦床运动的发展迎来大繁荣！

彭庆文

2024年8月

目录

初级组游戏 50 例

第一部分　移动类

1. 比比谁最快

适合对象： 9岁以下的学生。

游戏价值： 发展学生的灵敏性和速度素质，培养学生的团队精神。

相关练习： 蹦床上叉腰跳、地面单脚叉腰平衡练习。

器材准备： 蹦床8张，瑜伽砖2块。

注意事项： 场地平整，周边无其他障碍物；游戏前进行充分的热身；游戏过程中注意组织纪律和安全；在跳跃过程中防止摔倒。

游戏组织： 8张蹦床摆成两排，每排4张，两排蹦床间隔2米，每排4张蹦床紧贴摆放；将学生分为两组，每组学生成一纵队站在每排蹦床的一端。

游戏做法： 游戏开始后，每组第一名学生叉腰跳（或其他跳跃动作）依次经过4张蹦床，取回瑜伽砖，原路返回起点进行接力，下一名学生接过瑜伽砖双脚跳依次经过4张蹦床，到终点放下瑜伽砖，叉腰跳返回起点进行接力，依次进行，率先完成接力的组获胜，输的组进行才艺展示。

游戏图解：

拓展提示

增加跳跃过程中的动作难度；在中间的蹦床上设置障碍。

扫码观看视频

2. 勇往直前

适合对象：9岁以下的学生。

游戏价值：巩固学生的弓步动作，发展学生的协调性和平衡能力，培养学生的团队精神。

相关练习：蹦床上弓步跳、地面弓步跳练习。

器材准备：蹦床8张。

注意事项：场地平整，周边无其他障碍物；游戏前进行充分的热身；注意学生弓步跳动作质量，防止学生因追求速度影响动作质量；游戏过程中注意组织纪律和安全。

游戏组织：8张蹦床摆成两排，每排4张，两排蹦床间隔2米，每排4张蹦床紧贴摆放；将学生分为两组，每组学生等分，站在每排蹦床的两端。

游戏做法：游戏开始后，一端的学生走上蹦床做弓步跳，每个蹦床上做一次弓步跳，依次经过4张蹦床后，走下蹦床与对面的学生击掌，对面的学生再做同样的弓步跳，从一端跳到另一端，依次进行，先完成的组获胜，输的组在蹦床上表演小兔子跳。

游戏图解：

拓展提示

可以改变蹦床上完成的动作，如开合跳、单脚跳；增加蹦床数量，延长练习时间。

扫码观看视频

3. 小青蛙跳荷叶

适合对象：9岁以下的学生。

游戏价值：发展学生的协调性和速度素质，培养学生的正确胜负观和团队精神。

相关练习：身体协调性练习。

器材准备：蹦床8张，小体操垫4个。

注意事项：场地平整，周边无其他障碍物；游戏前进行充分的热身；注意移动体操垫时不要因为追求速度导致摔倒。

游戏组织：8张蹦床摆成两排，每排4张，两排蹦床间隔2米，每排4张蹦床紧贴摆放；将学生分为两组，每组学生等分，站在每排蹦床的两端。

游戏做法：游戏开始后，一端的学生用小体操垫搭移动桥从一端走到另一端，移动至对面，下蹦床后与对面的学生击掌，对面的学生再用小体操垫搭移动桥从一端走到另一端，依次进行，先完成的组获胜，输的组为赢的组点赞。

游戏图解：

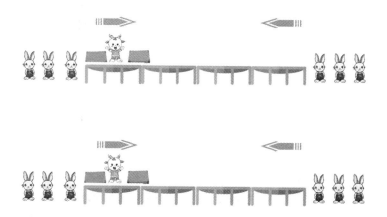

扫码观看视频

4. 小小建筑师

适合对象：9岁以下的学生。

游戏价值：提高学生在蹦床上的触网能力，发展学生的速度素质，培养学生的团队精神。

相关练习：蹦床上立臂跳、单脚立臂平衡练习。

器材准备：蹦床8张，瑜伽砖数块。

注意事项：场地平整，周边无其他障碍物；游戏前进行充分的热身；通过蹦床后，禁止把瑜伽砖扔下或任意摆放。

游戏组织：8张蹦床摆成两排，每排4张，两排蹦床间隔2米，每排4张蹦床紧贴摆放；将学生分成两组，每组学生成一纵队站在每排蹦床的一端。

游戏做法：游戏开始后，学生手拿瑜伽砖做立臂跳，依次跳过一排蹦床，下蹦床后用瑜伽砖搭建房子，一名学生只能拿1块瑜伽砖，搭建房子过程中如果房子倒塌，必须重新搭建，看哪组先完成房子的搭建，输的组在蹦床上表演才艺。

游戏图解：

拓展提示

　　可用双脚夹瑜伽砖进行跳跃；也可用瑜伽砖搭建成其他造型。

扫码观看视频

5. 过独木桥

适合对象： 9岁以下的学生。

游戏价值： 发展学生的平衡能力，培养学生不怕困难的精神。

相关练习： 平衡练习，蹦床上走跳练习。

器材准备： 蹦床8张。

注意事项： 场地平整，周边无其他障碍物；游戏前进行充分的热身；游戏过程中禁止两人同时上同一张蹦床。

游戏组织： 8张蹦床摆成两排，每排成S形摆放，且蹦床之间紧贴；学生分两组进行游戏，每组学生分别站在一排蹦床的两端。

游戏做法： 游戏开始后，学生根据蹦床摆放方式在蹦床上向前碎步跑，进行往返接力比赛，速度快的组获胜，输的组为赢的组表演青蛙跳。

游戏图解：

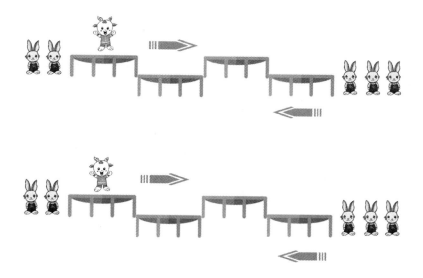

拓展提示

蹦床可以摆放成其他图形；还可以在蹦床上设置障碍物。

扫码观看视频

6. 球不落地

适合对象：9岁以下的学生。

游戏价值：发展学生的平衡能力，提升学生的专注力，加强学生对蹦床网面弹性的控制能力，增强学生小肌肉群的力量，培养学生良好的心态。

相关练习：蹦床上行进间用乒乓球拍控球、蹦床上行走与跳跃。

器材准备：蹦床12张，乒乓球拍和乒乓球若干。

注意事项：场地平整，周边无其他障碍物；游戏前进行充分的热身；行走时不要踩到乒乓球，防止摔倒；游戏过程中不要在蹦床上肆意跑动。

游戏组织：12张蹦床摆成两排，每排6张，两排蹦床间隔1米，每排6张蹦床紧贴摆放；学生分两组进行游戏。

游戏做法：学生每人拿一个乒乓球和一支乒乓球拍，运用正确的握拍姿势水平持拍。游戏开始后，学生将乒乓球放置在球拍中心位置行走，依次从蹦床上走过，走动过程中乒乓球不允许落地，如果出现球落地的情况则须捡起球重新置于球拍中心位置后继续游戏。先完成接力赛的组获胜，胜的组获得教师奖励的小红花。

游戏图解：

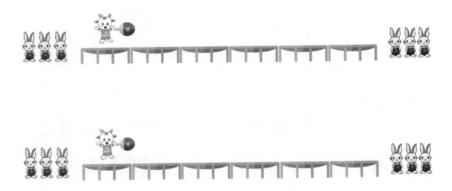

拓展提示

增加游戏难度，可改为一支球拍控制两个乒乓球进行游戏；设计不同的路线，增加行走难度。

扫码观看视频

7. 小小邮递员

适合对象： 9岁以下的学生。

游戏价值： 发展学生的协调性和平衡能力，培养学生的团队精神。

相关练习： 蹦床上行进间篮球传球练习。

器材准备： 蹦床16张，篮球2个。

注意事项： 场地平整，周边无其他障碍物；游戏前进行充分的热身；不要将篮球乱扔、乱放，不要踩到篮球，避免受伤。

游戏组织： 16张蹦床摆成4列，每列4张。一二列蹦床前后紧贴、左右紧贴摆放，三四列蹦床前后紧贴、左右紧贴摆放，二三列蹦床间隔2米；学生分两组进行游戏。

游戏做法： 每组学生分两排站在起点处，排头的两名学生面对面站立，双手扶住篮球，两人各在一张蹦床上，同时向另一端移动，到达另一端后原路返回，与下一对学生接力。游戏时，注意球不能落地，学生脚不可以踩到蹦床边缘，游戏过程中学生掉落蹦床或篮球掉落，须从掉落位置重新开始，先完成接力的组获胜。输的组为赢的组表演拍球。

游戏图解：（因本书所用小动物形象固定，所以此游戏图解中无法绘制出双手扶篮球的动作）

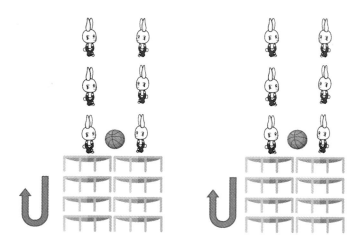

拓展提示

两人在蹦床上环绕一圈后再前进；换不同器材进行多种游戏。

扫码观看视频

8. 小小搬运工

适合对象： 9岁以下的学生。

游戏价值： 发展学生的协调性和速度素质，培养学生的正确胜负观和团队精神。

相关练习： 蹦床上夹物跳跃、蹦床上叉腰跳练习。

器材准备： 蹦床8张，沙包数个。

注意事项： 场地平整，周边无其他障碍物；游戏前进行充分的热身；双脚不得踩沙包；禁止乱扔沙包。

游戏组织： 8张蹦床摆成两排，每排4张，两排蹦床间隔2米，每排4张蹦床紧贴摆放；学生分两组进行游戏。

游戏做法： 每组第一名学生上蹦床后用双脚夹住沙包向前持续跳跃到最后一张蹦床，再以同样方式原路返回到起点将沙包交给本组下一名学生，依次进行接力，速度快的组获胜，输的组齐唱一首歌。

游戏图解：

拓展提示

　　设置跳跃障碍物，将障碍物摆放在不同的赛道上以增加游戏的趣味性。

扫码观看视频

9. 航天员历险记

适合对象： 9岁以下的学生。

游戏价值： 锻炼学生的观察力，提高学生的反应能力，发展学生的协调性，培养学生积极进取的精神。

相关练习： 跳跃障碍练习，爆发力练习。

器材准备： 蹦床12张，障碍架8个。

注意事项： 场地平整，周边无其他障碍物；游戏前进行充分的热身；障碍架设置要合适；游戏过程中不要随意乱跑。

游戏组织： 12张蹦床摆成4排，每排3张，相邻两排蹦床间隔2米，每排2张蹦床之间设置1个障碍架，障碍架与蹦床间隔0.5米；学生分4组进行游戏。

游戏做法： 学生从起点出发，向前通过第一张蹦床，跨越第一个障碍架，再通过第二个蹦床，跨越第二个障碍架，最后在第三张蹦床上摆出一个造型后原路返回与同伴进行接力，用时最短的组获胜，输的组为赢的组展示一个航天员动作。

游戏图解：

拓展提示

设置不同的障碍物，在蹦床上以不同的动作跳跃。

扫码观看视频

10. 老鼠偷油

适合对象： 9岁以下的学生。

游戏价值： 巩固学生的触网能力，发展学生的速度素质，培养学生的规则意识。

相关练习： 蹦床上基础跳练习。

器材准备： 蹦床4张，标志物4个。

注意事项： 场地平整，周边无其他障碍物；游戏前进行充分的热身；控制好助跑的节奏，以防在上蹦床时摔倒，跳跃过程中注意控制平衡。

游戏组织： 4张蹦床摆成一排，相邻蹦床间隔1.5米；学生分4组进行游戏。

游戏做法： 每组第一名学生从起点跑步出发，跳上蹦床完成10次基础跳跃任务后拿起地面上的标志物返回起点，将标志物交给第二名学生，第二名学生跑步将标记物放回原位置，再跳上蹦床完成10次基础跳跃任务空手返回起点，后面的学生依次进行，最后用时最短的组获得胜利，输的组模仿老鼠爬行。

游戏图解：

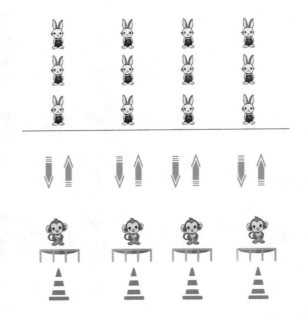

拓展提示

　　增设障碍物；在蹦床上进行不同难度的跳跃动作。

扫码观看视频

12

11. 穿越火线

适合对象： 9岁以下的学生。

游戏价值： 发展学生的协调性和平衡能力，培养学生的团队精神。

相关练习： 跳短绳练习，跳长绳练习。

器材准备： 蹦床8张，绳子4根。

注意事项： 场地平整，周边无其他障碍物；游戏前进行充分的热身；注意摇绳的节奏，以及进绳的时机。

游戏组织： 8张蹦床摆成两排，每排4张，每排相邻蹦床间隔3米；学生分4组进行游戏。

游戏做法： 相邻两张蹦床上的学生为一组，两人拿绳站在蹦床上边跳边摇绳，地面上跳绳的学生迅速穿越"火线"。如果学生被"火线"碰到，则重新开始，看哪组学生最先全部穿越"火线"，输的组给赢的组表演节目。

游戏图解：

扫码观看视频

12.穿越隧道

适合对象： 9岁以下的学生。

游戏价值： 发展学生的柔韧性，培养学生的观察力和勇敢顽强的精神。

相关练习： 钻圈练习，转呼啦圈练习。

器材准备： 蹦床8张，呼啦圈8个。

注意事项： 场地平整，周边无其他障碍物；游戏前进行充分的热身；选择大小合适的呼啦圈，蹦床与呼啦圈摆放位置合理。

游戏组织： 8张蹦床摆成两排，每排4张，两排蹦床间隔2米，每排相邻蹦床间隔1.5米；学生分两组进行游戏。

游戏做法： 每组中的4名学生分别蹲于蹦床侧，手握紧呼拉圈，并将其立于蹦床中间，其余学生排队准备钻圈，排队的学生爬上蹦床并钻过呼啦圈，依次通过一排蹦床，完成后，钻圈学生与持圈学生马上交换角色，先完成所有任务的组获胜，输的组为赢的组表演一个节目。

游戏图解：

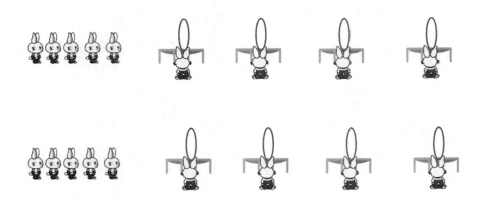

扫码观看视频

13. 四足动物爬

适合对象：9岁以下的学生。

游戏价值：巩固学生在蹦床上的爬行动作，发展学生的平衡能力，培养学生遵守规则的意识和不怕困难的精神。

相关练习：模仿动物爬行练习。

器材准备：蹦床8张。

注意事项：场地平整，周边无其他障碍物；游戏前进行充分的热身；游戏过程中注意组织纪律和安全。

游戏组织：8张蹦床摆成两排，每排4张，两排蹦床间隔2米，每排4张蹦床紧贴摆放；学生分两组进行游戏。

游戏做法：学生在起点模仿四足小动物做准备。当听到教师发出"开始"口令后，每组第一名学生从第一张蹦床爬至最后一张蹦床，与对面的学生击掌接力，对面的学生继续爬行，依次进行，速度快、用时短的组获胜，输的组为赢的组唱一首歌。

游戏图解：

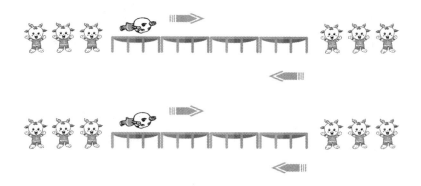

扫码观看视频

拓展提示

提高难度，可改为双脚单手或双手单脚爬行。

14.袋鼠跳跳跳

适合对象：9岁以下的学生。

游戏价值：巩固学生在蹦床上的跳跃动作，发展学生的平衡能力，培养学生勇敢顽强的精神。

相关练习：模仿动物跳跃练习。

器材准备：蹦床8张。

注意事项：场地平整，周边无其他障碍物；游戏前进行充分的热身；游戏过程中注意组织纪律和安全。

游戏组织：8张蹦床摆成两排，每排4张，两排蹦床间隔2米，每排4张蹦床紧贴摆放；学生分两组进行游戏。

游戏做法：学生在起点处手握拳举在胸前（模仿小袋鼠）做准备。当听到教师发出"开始"口令后，每组第一名学生并脚跳出发，跳至蹦床另一端与对面学生击掌接力，对面学生并脚跳出发，依次进行，速度快、用时短的组获胜，输的组为赢的组点赞。

游戏图解：

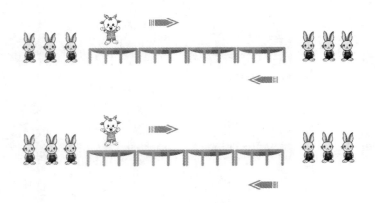

拓展提示

可将袋鼠跳升级为叉腰跳、直臂跳等。

扫码观看视频

15. 小鸵鸟觅食

适合对象：9 岁以下的学生。

游戏价值：巩固学生在蹦床上的行走动作，发展学生的柔韧性，培养学生公平竞争的意识。

相关练习：模仿动物行走练习。

器材准备：蹦床 8 张。

注意事项：场地平整，周边无其他障碍物；游戏前进行充分的热身；游戏过程中不要在蹦床上肆意跑动。

游戏组织：8 张蹦床摆成两排，每排 4 张，两排蹦床间隔 2 米，每排 4 张蹦床紧贴摆放；学生分两组进行游戏。

游戏做法：学生在起点用手抓住自己脚踝做准备。当听到教师发出"开始"口令后，每组第一名学生上蹦床用手抓脚踝走，走至蹦床另一端与对面学生击掌接力后，对面学生用手抓脚踝走，依次进行，速度快、用时短的组获胜，输的组为赢的组表演兔子跳。

游戏图解：

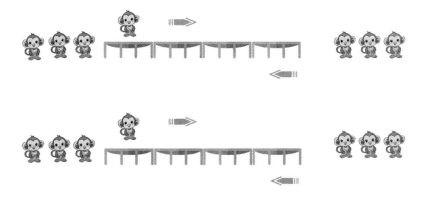

拓展提示

　　设置不同的动物行走方式，行走过程中设置不同的赛道难度。

扫码观看视频

16. 最长的绳子

适合对象： 9岁以下的学生。

游戏价值： 巩固学生在蹦床上的跑跳能力，发展学生的柔韧性，培养学生不怕困难的精神。

相关练习： 柔韧性练习，跑步。

器材准备： 蹦床8张，标志桶2个。

注意事项： 场地平整，周边无其他障碍物；游戏前进行充分的热身。

游戏组织： 8张蹦床摆成两排，每排4张，两排蹦床间隔2米，每排4张蹦床紧贴摆放；学生分两组进行游戏。

游戏做法： 每组学生列队在起点处做好准备。听到"开始"口令后，每组学生依次上蹦床跑至另一端终点，然后下蹦床绕过标志桶后在地面开始做横叉动作，前后相连，比一比哪组连成的"绳子"长，"绳子"长的组获胜，输的组为赢的组表演青蛙跳。

游戏图解：

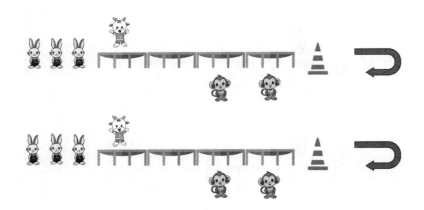

拓展提示

可以把横叉换成下腰，将跑改成跳进行游戏。

扫码观看视频

17.青蛙跳跳跳

适合对象：9岁以下的学生。

游戏价值：巩固学生在蹦床上的跳跃动作，发展学生的协调性，培养学生积极进取、坚持到底的精神。

相关练习：模仿青蛙跳跃练习。

器材准备：蹦床8张。

注意事项：场地平整，周边无其他障碍物；游戏前进行充分的热身；游戏过程中不要在蹦床上肆意跑动。

游戏组织：8张蹦床摆成两排，每排4张，两排蹦床间隔2米，每排4张蹦床紧贴摆放；学生分两组进行游戏。

游戏做法：学生在起点呈俯撑模仿青蛙跳跃姿势做准备。当听到教师发出"开始"口令后，每组第一名学生手和脚并用向前行进至蹦床另一端，与对面学生击掌进行接力，对面学生以同样方式在蹦床上行进，依次进行，速度快、用时短的组获胜，输的组为赢的组唱一首歌。

游戏图解：

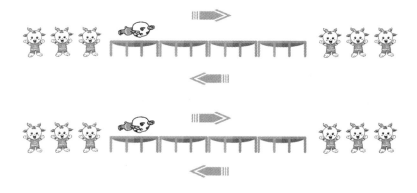

拓展提示

　　换不同的动物跳跃姿势，提高难度，设置赛道，如爬行＋跑＋跳跃＋平衡等。

扫码观看视频

18. 倒走谁最快

适合对象： 9岁以下的学生。

游戏价值： 巩固学生在蹦床上的行走动作，发展学生的协调性，培养学生诚信自律的品质。

相关练习： 平衡练习，地面倒退走练习。

器材准备： 蹦床8张。

注意事项： 场地平整，周边无其他障碍物；游戏前进行充分的热身；倒退走时注意身体的平衡控制，并加强保护与帮助；游戏过程中注意安全，不要被蹦床边缘绊倒。

游戏组织： 8张蹦床摆成两排，每排4张，两排蹦床间隔2米，每排4张蹦床紧贴摆放；学生分两组进行游戏。

游戏做法： 当听到教师发出"开始"口令后，每组第一名学生开始在蹦床上倒着走，除了腿向后迈之外，身体其他部位保持直立姿势，即躯干和头不可侧转，背要挺直，到达蹦床另一端后转身与对面学生击掌进行接力，对面学生以同样方式倒着走，依次进行，比一比哪组在蹦床上走得直且快。走得直、速度快的组获胜，输的组为赢的组表演兔子跳。

游戏图解：

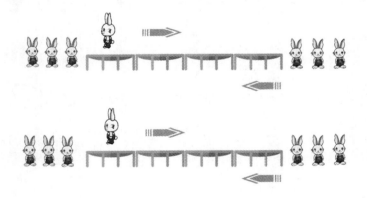

扫码观看视频

19. 看谁反应快

适合对象：9岁以下的学生。

游戏价值：发展学生的速度素质，培养学生坚持到底的精神和遵守规则的意识。

相关练习：口令反应练习。

器材准备：蹦床7张。

注意事项：场地平整，周边无其他障碍物；游戏前进行充分的热身；游戏过程中不要在蹦床上肆意跑动。

游戏组织：7张蹦床圆形摆放，相邻蹦床间隔1.5～2米。

游戏做法：游戏开始后，学生围着蹦床转圈跑动，当教师喊"停"时，学生立刻找到一张蹦床坐下，每张蹦床只能坐一人，蹦床数应少于参与游戏总人数，未坐上蹦床的学生表演青蛙跳后继续游戏。

游戏图解：

拓展提示

　　将游戏改为淘汰赛形式，用音乐代替口令，音乐停止后学生抢蹦床坐下。

扫码观看视频

20.小猫抓尾巴

适合对象： 9岁以下的学生。

游戏价值： 增强学生对蹦床的网感，发展学生的速度素质，培养学生坚持到底的精神和遵守规则的意识。

相关练习： 跑动练习，跳跃练习。

器材准备： 蹦床12张，短绳子12根。

注意事项： 场地平整，周边无其他障碍物；游戏前进行充分的热身；游戏过程中控制好身体平衡，防止摔倒。

游戏组织： 12张蹦床任意点位摆放，相邻蹦床间隔1.5～2米；学生两人一组进行游戏。

游戏做法： 两人一张蹦床，通过"石头、剪刀、布"来决定谁在蹦床上。站在蹦床上的学生将短绳子系在身后当尾巴，通过观察在蹦床下的学生的移动方向迅速改变身体方位来保护尾巴；在蹦床下的学生围绕蹦床快速移动去抓尾巴。若尾巴被抓住则两人互换角色，1分钟结束一轮游戏。

游戏图解：

扫码观看视频

第二部分　非移动类

21. 网上"石头、剪刀、布"

适合对象：9岁以下的学生。

游戏价值：提高学生的双脚触网能力，发展学生的灵敏性和协调性，培养学生的规则意识。

相关练习：蹦床上行走与跳跃。

器材准备：蹦床8张。

注意事项：场地平整，周边无其他障碍物；游戏前进行充分的热身；游戏过程中不要在蹦床上肆意跑动。

游戏组织：8张蹦床摆成两排，每排4张，两排蹦床间隔1米，每排4张蹦床间隔0.5米。

游戏做法：并脚代表"石头"，弓步跳代表"剪刀"，开步代表"布"。两名学生面对面站在蹦床上，游戏开始时，学生同时说"石头、剪刀、布"并在蹦床上跳动，说完后学生迅速做出自己的脚步动作。游戏是一局定输赢，输的学生做3个深蹲，平局则继续游戏，直到分出输赢。

游戏图解：

扫码观看视频

22. 我说你做

适合对象： 9岁以下的学生。

游戏价值： 熟悉在蹦床上并脚跳、弓步跳、开合跳动作，发展学生的灵敏性素质，培养学生遵守规则的意识和尊重裁判的体育精神。

相关练习： 蹦床上叉腰跳、开合跳、弓步跳练习。

器材准备： 蹦床8张。

注意事项： 场地平整，周边无其他障碍物；游戏前进行充分的热身；游戏时加强保护与帮助；游戏过程中注意组织纪律和安全。

游戏组织： 8张蹦床摆成圆形，相邻蹦床间隔1米；学生分两组进行游戏，设置一名小裁判。

游戏做法： 并脚代表"石头"，弓步跳代表"剪刀"，开步代表"布"。游戏开始后，一组学生上蹦床，教师发口令——"石头、剪刀、布"，蹦床上的学生迅速做出对应的动作，小裁判记录动作正确的人数；然后换另一组学生上蹦床，完成同样的游戏；最后以小组中动作正确人数多的组为赢方，输的组在蹦床上表演小鱼游。

游戏图解：

拓展提示

　　双人游戏竞赛，设置奖惩规则；改变"石头、剪刀、布"的动作形式。

扫码观看视频

23. 快乐传递

适合对象： 9岁以下的学生。

游戏价值： 提高学生的双脚触网能力，发展学生的柔软性、协调性和平衡能力，培养学生的团队精神。

相关练习： 钻呼啦圈、单脚平衡练习。

器材准备： 蹦床8张，呼啦圈2个。

注意事项： 场地平整，周边无其他障碍物；游戏前进行充分的热身；钻圈时旁边的学生不要乱跳，游戏过程中不要站在蹦床的边缘位置。

游戏组织： 8张蹦床摆成两排，每排4张，两排蹦床间隔一定距离，每排4张蹦床紧贴摆放；学生分两组进行游戏。

游戏做法： 每组学生站在蹦床上手牵手，游戏开始后，第一名学生将呼啦圈从手臂处穿过，然后身体迅速钻过呼啦圈，手牵着手，将呼啦圈传给下一名学生，下一名学生以同样的方法钻过呼啦圈，直到传到本组最后一名学生。在传递过程中同组学生的手不可分开，速度快的组获胜，输的组为赢的组表演单脚站立。

游戏图解：（因本书所用小动物形象固定，所以此游戏图解中无法绘制出牵手动作）

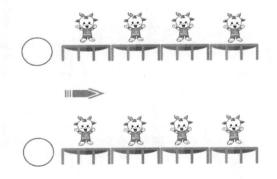

扫码观看视频

24. 大桥建筑谁更快

适合对象： 9岁以下的学生。

游戏价值： 发展学生的柔韧性，培养学生的规则意识和团队精神。

相关练习： 腰部韧带拉伸、柔韧性练习。

器材准备： 蹦床8张。

注意事项： 场地平整，周边无其他障碍物；游戏前进行充分的热身；游戏时充分将腰腹部活动开。

游戏组织： 8张蹦床摆成两排，每排4张，两排蹦床间隔一定距离，每排4张蹦床紧贴摆放；学生分两组进行游戏。

游戏做法： 学生站在蹦床的一端。游戏开始后，第一名学生迅速上蹦床跑到另一端的蹦床上做好跪立下腰动作并喊出数字1，第二名学生迅速上蹦床跑到挨着第一名学生的蹦床上做好跪立下腰动作并喊出数字2，后面学生依次进行，直到最后一名学生做完动作，完成一座拱桥。先完成且动作到位的组为赢方，输的组在蹦床上表演单脚站立。

游戏图解：

拓展提示

将跪立下腰动作改成仰卧推起成桥动作。

扫码观看视频

25. 谁的动作最标准

适合对象： 9岁以下的学生。

游戏价值： 巩固学生的蹦床动作，发展学生的速度素质，培养学生积极进取、坚持到底的精神。

相关练习： 口令反应练习。

器材准备： 蹦床8张。

注意事项： 场地平整，周边无其他障碍物；游戏前进行充分的热身；游戏过程中不要在蹦床上肆意跑动。

游戏组织： 8张蹦床摆成两排，每排4张，相邻蹦床间隔1.5米。

游戏做法： 每名学生站在一张蹦床上。游戏开始后，学生根据教师的动作口令（如蹲下、起立、坐下等）做对应的动作，反应最快且动作准确的学生获胜。反应慢、动作没有做到位的学生给赢的学生唱一首歌。

游戏图解：

扫码观看视频

拓展提示

教师发出各种口令，学生做出相反的动作。

26. 不倒翁

适合对象：9岁以下的学生。

游戏价值：巩固学生的蹦床动作，发展学生的平衡能力，培养学生积极进取、勇敢顽强的精神。

相关练习：单脚平衡练习，反应练习。

器材准备：蹦床12张。

注意事项：场地平整，周边无其他障碍物；游戏前进行充分的热身；游戏过程中学生之间不要随意推拉。

游戏组织：12张蹦床摆成两排，每排6张，每排蹦床两张为一组，分成3组，每组的两张蹦床紧贴；学生两人一组进行游戏。

游戏做法：两人面对面站在一组蹦床上，手臂微屈，掌心相对，当听到教师发出"开始"口令后，每组的两人互相推对方手掌，脚先发生移动者为输，输了的人说一句表扬的话夸赢了的人。

游戏图解：

扫码观看视频

27. 狼牙棒

适合对象： 9岁以下的学生。

游戏价值： 巩固学生的蹦床动作，发展学生的灵敏性，培养学生不怕困难的精神。

相关练习： 团身跳、立臂跳练习。

器材准备： 蹦床10张，泡沫棒2根。

注意事项： 场地平整，周边无其他障碍物；游戏前进行充分的热身；选择合适的泡沫棒；游戏过程中不要随意挥动泡沫棒。

游戏组织： 10张蹦床摆成两排，每排5张，两排蹦床间隔2米，每排5张蹦床紧贴摆放；学生分两组进行游戏。

游戏做法： 学生站在蹦床上，当听到教师发出"开始"口令后，教师或一学生用泡沫棒从第一名学生脚下快速横扫过去，当泡沫棒经过时，学生快速跳起做团身动作躲过泡沫棒，被泡沫棒扫中脚的学生将被淘汰，直到分出最后的获胜者，输的学生做5个蹲起。

游戏图解：

拓展提示

教师可用泡沫棒向学生头顶横扫过去，学生蹲下进行躲避，将跳起团身动作改为屈体动作或其他动作。

扫码观看视频

28. 看谁投得准

适合对象：9岁以下的学生。

游戏价值：巩固学生的投掷动作，发展学生的协调性，培养学生坚持到底的精神。

相关练习：掷准练习，立臂跳练习。

器材准备：蹦床8张，小桶8个，沙包24个。

注意事项：场地平整，周边无其他障碍物；游戏前进行充分的热身；游戏过程中注意组织纪律和安全；注意不要乱投沙包。

游戏组织：8张蹦床摆成两排，每排4张，相邻蹦床间隔1.5米，小桶与蹦床间隔1～3米。

游戏做法：每名学生手上拿3个沙包，站在蹦床上进行跳跃，当听到教师发出"开始"口令后，学生迅速将手里的沙包边跳边扔进前面的小桶内，用时短且投中沙包数量多者为胜，投中数量最少的学生为大家唱一首歌。

游戏图解：

拓展提示

　　调整投掷的距离，或调整掷准器材的口径大小，以增加游戏的难度。

扫码观看视频

29. 钻山洞

适合对象：9岁以下的学生。

游戏价值：巩固学生的支撑动作，发展学生的力量素质，培养学生积极进取、坚持到底的精神。

相关练习：力量练习，柔韧性练习。

器材准备：蹦床10张。

注意事项：场地平整，周边无其他障碍物；游戏前进行充分的热身；游戏过程中注意组织纪律和安全。

游戏组织：10张蹦床摆成两排，每排5张，两排蹦床间隔2米，每排5张蹦床紧贴摆放；学生分两组进行游戏。

游戏做法：学生成一路纵队站在蹦床前面，当听到教师发出"开始"口令后，第一名学生迅速爬上第一张蹦床，呈俯撑姿势，第二名学生从第一名学生的身下钻过，在第二张蹦床上呈俯撑姿势，后面学生依次钻爬并摆好俯撑姿势，直至最后一张蹦床，速度快的组获胜，输的组为大家背一首古诗。

游戏图解：

拓展提示

　　所有人撑好后从第一名学生开始依次向后爬行到蹦床的前面去，用时短者胜。

扫码观看视频

30.金鸡独立

适合对象：9岁以下的学生。

游戏价值：巩固学生的单脚站立动作，发展学生的平衡能力，培养学生坚持到底的精神。

相关练习：地面单脚平衡练习。

器材准备：蹦床8张。

注意事项：场地平整，周边无其他障碍物；游戏前进行充分的热身；游戏过程中不要出现推拉动作。

游戏组织：8张蹦床摆成两排，每排4张，相邻蹦床间隔1米。

游戏做法：学生站在蹦床上，当听到教师发出"开始"口令后，学生迅速地提起一只脚呈单脚站立的姿势，教师开始计时，看看哪一名学生能够坚持到最后，坚持到最后的一名学生为胜利者，教师可以适当进行干扰，以增加游戏难度，最先坚持不住的学生即被淘汰，并为大家背诵一首古诗。

游戏图解：

拓展提示

学生闭上眼睛完成单脚站立的动作。

扫码观看视频

31. 左右摇摆

适合对象： 9岁以下的学生。

游戏价值： 巩固学生的体侧屈动作，发展学生的柔韧性，培养学生的团队精神。

相关练习： 横叉练习，柔韧性练习。

器材准备： 蹦床8张；瑜伽砖2块。

注意事项： 场地平整，周边无其他障碍物；游戏前进行充分的热身；游戏过程中将蹦床摆放整齐。

游戏组织： 8张蹦床摆成两排，每排4张，两排蹦床间隔2米，每排4张蹦床紧贴摆放；学生分两组进行游戏。

游戏做法： 学生均以横叉的姿势坐在蹦床上，两组排头的学生各拿1块瑜伽砖，当听到教师发出"开始"口令后，排头的学生迅速以转体的方式向后传递瑜伽砖，依次传到最后一名学生手中。全部完成后，速度快的组获胜，输的组为大家背诵一首古诗。

游戏图解：

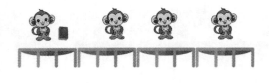

拓展提示

　　调整不同的器材进行传接；用不同的姿势进行传接。

扫码观看视频

32. 小小投石车

适合对象: 9岁以下的学生。

游戏价值: 巩固学生的投掷动作,发展学生的协调性,培养学生顽强拼搏的精神。

相关练习: 投掷练习,跑跳练习。

器材准备: 蹦床10张,沙包10个。

注意事项: 场地平整,周边无其他障碍物;游戏前进行充分的热身;游戏过程中听教师口令进行投掷,不要乱扔沙包。

游戏组织: 10张蹦床摆成一排,相邻蹦床间隔1.5米。

游戏做法: 在距离蹦床5米远的位置画一条横线,或者设置标志物。每名学生拿1个沙包在蹦床上跳跃,当听到教师发出"开始"口令后,学生迅速边跳边将手里的沙包向前方投掷出去,投掷的沙包要过标志线。在投掷之后,学生迅速向前跑出,将自己的沙包捡回。最先完成任务的学生获胜。

游戏图解:

拓展提示

学生在蹦床上完成不同动作后进行投掷。

扫码观看视频

33.蹦床抛接球

适合对象：9岁以下的学生。

游戏价值：提高学生的双脚触网能力和投掷能力，发展学生的灵敏性和协调性，培养学生的规则意识。

相关练习：篮球传接球练习，蹦床基础跳练习。

器材准备：蹦床8张，篮球4个。

注意事项：场地平整，周边无其他障碍物；游戏前进行充分的热身；游戏时不要乱传、乱扔篮球；游戏过程中双脚不要踩到蹦床边缘。

游戏组织：8张蹦床摆成两排，每排4张，相邻蹦床间隔1.5米；学生分组进行游戏。

游戏做法：学生两人为一组面对面站在两张相对的蹦床上，游戏开始后，两人在蹦床上进行跳跃，跳跃的同时两人将篮球进行相互的抛球与接球，在抛接球过程中，要求篮球不能落地。在规定时间内接住球数量最多的组获胜，接住球数量最少的组做5次深蹲。

游戏图解：

拓展提示

　　增加双人篮球抛接球的距离；也可以改成多人围圈传递抛接球游戏。

扫码观看视频

34.蹦床跨栏接力赛

适合对象：9 岁以下的学生。

游戏价值：提高学生的跳跃能力，发展学生的协调性，培养学生坚持到底、顽强拼搏的精神。

相关练习：地面跨跳、蹦床跳跃练习。

器材准备：蹦床 8 张，体操垫 6 个。

注意事项：场地平整，周边无其他障碍物；游戏前进行充分的热身；游戏过程中不要被体操垫绊倒。

游戏组织：8 张蹦床摆成两排，每排 4 张，每排相邻蹦床之间立着放置 1 个体操垫；学生分两组进行游戏。

游戏做法：两组学生列队站好做准备，游戏开始后，两组第一名学生上蹦床，在蹦床上向前跳跃，依次跨越 3 个体操垫，之后下蹦床冲刺跑回起点与下一名学生击掌进行接力，率先完成全部接力的组获胜，输的组进行才艺展示。

游戏图解：

拓展提示

　　增加障碍物的高度；增加跑动的距离；在跑动过程中设置其他障碍物。

扫码观看视频

35. 躲避炸弹

适合对象： 9岁以下的学生。

游戏价值： 发展学生的协调性、速度素质和反应能力，培养学生勇敢顽强、积极进取的精神。

相关练习： 蹦床基础跳跃、反应练习。

器材准备： 蹦床6张，沙包数个。

注意事项： 场地平整，周边无其他障碍物；游戏前进行充分的热身；游戏过程中不要向对方头部投掷沙包，同时注意投掷沙包的时机。

游戏组织： 6张蹦床摆成一排，相邻蹦床间隔1.5米。

游戏做法： 学生两人一组，一名学生站在蹦床上，另一名学生站在蹦床下指定位置处。蹦床下的学生每人有10个沙包，每次向对应蹦床上的学生投掷1个沙包，蹦床上的学生需要躲避沙包的攻击。投完后，两人互换游戏角色，即蹦床上下学生对换位置，继续游戏。最后未被沙包击中或被击中少的学生获胜，输的学生为赢的学生表演兔子跳。

游戏图解：

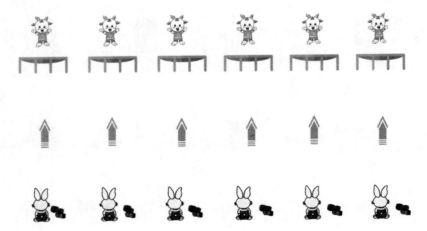

扫码观看视频

拓展提示

增加投掷沙包的人数；调整投掷沙包的距离。

36. 拉大锯

适合对象： 9 岁以下的学生。

游戏价值： 巩固学生的体前屈动作，发展学生的协调性，培养学生的团队精神。

相关练习： 柔韧性练习。

器材准备： 蹦床 8 张。

注意事项： 场地平整，周边无其他障碍物；游戏前进行充分的热身。

游戏组织： 8 张蹦床摆成两排，每排 4 张，每排蹦床分成两组，每组的两张蹦床紧贴摆放，学生两人一组进行游戏。

游戏做法： 两人手拉手对坐在一组蹦床上，双腿伸直，双手对握，随儿歌《拉大锯》的节奏做拉锯式的前俯后仰动作，念完后两人对视，不能说话也不能笑，违反了规则的判输，输的一方为赢的一方点赞。

游戏图解：（因本书所用小动物形象固定，所以此游戏图解中无法绘制出手拉手动作）

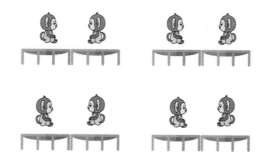

拓展提示

增加组员，可以将 4 张蹦床紧挨在一起。

扫码观看视频

37. 荷花开几朵

适合对象： 9岁以下的学生。

游戏价值： 巩固学生在蹦床上的伸展动作，发展学生的灵敏性，培养学生的规则意识和团队精神。

相关练习： 柔韧性练习。

器材准备： 蹦床8张。

注意事项： 场地平整，周边无其他障碍物；游戏前进行充分的热身。

游戏组织： 8张蹦床摆放成圆形，相邻蹦床间隔1.5米。

游戏做法： 教师将蹦床上的学生编为1~8号，学生坐在蹦床上双脚并拢伸直，边念"荷花、荷花，开几朵"边拍手。教师随机说出一个数字，比如说"开5朵"时，编号为5的学生站起来答"到"；说"都不开"时，所有人趴下去；说"都开了"时，所有人站起来。反应慢的学生或做错动作的学生为大家表演一个节目。

游戏图解：

拓展提示

可以将站起来改为其他动作，如举腿、举手等。

扫码观看视频

38.大力水手投沙包

适合对象： 9岁以下的学生。

游戏价值： 巩固学生在蹦床上的跳跃能力，发展学生的协调性和上肢力量，培养学生的合作意识和团队精神。

相关练习： 蹦床上基础跳跃、投沙包练习。

器材准备： 蹦床8张，沙包数个。

注意事项： 场地平整，周边无其他障碍物；游戏前进行充分的热身；在蹦床上跳跃时控制好跳跃的距离；游戏过程中不要在蹦床上肆意跑动。

游戏组织： 8张蹦床摆成两排，每排4张，两排蹦床间隔2米，每排4张蹦床紧贴摆放；学生分两组进行游戏。

游戏做法： 在最后一张蹦床后3～5米规划出投掷区域。游戏开始后，第一名学生通过蹦床基础跳跃（如叉腰跳、贴臂跳、立臂跳）依次经过4张蹦床后，在最后一张蹦床跳起进行沙包投掷，将沙包尽量投远，沙包落地的区域越远获得相应的积分就越高，投掷后跳跃返回起点与一名学生击掌接力，依次进行，投掷总积分累计多的组获胜，输的组进行才艺展示。

游戏图解：

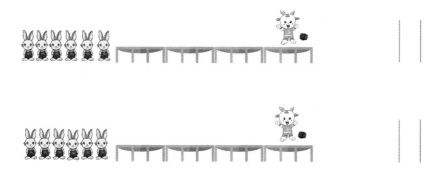

拓展提示

变换蹦床上跳跃的动作；调整投掷区域的距离，增加投掷难度。

扫码观看视频

39. 谁是神投手

适合对象：9岁以下的学生。

游戏价值：提高学生的手臂与身体协调配合能力，发展学生的下肢跳跃能力，培养学生的团队精神。

相关练习：蹦床上基础跳跃、掷准练习。

器材准备：蹦床10张，沙包数个，篮子数个。

注意事项：场地平整，周边无其他障碍物；游戏前进行充分的热身；投掷沙包时不要向人头部投掷。

游戏组织：10张蹦床摆成两排，每排5张，相邻蹦床间隔1米，掷准距离为2米；学生分两组进行游戏。

游戏做法：一组学生站在蹦床上，另一组学生站在蹦床前2米的地面上拿好篮子放置于胸腹前，当听到教师发出"开始"口令后，蹦床上的学生手拿沙包进行跳跃投掷，地面上的学生拿好篮子保持不动，游戏时间为1分钟，时间结束后交换位置进行游戏，游戏结束后在规定时间内投掷沙包进篮子多的组获胜，输的组为大家表演才艺。

游戏图解：下图只选择了一排蹦床作为图示。

拓展提示

调整蹦床上学生投掷的距离；蹦床上变换不同的跳跃动作。

扫码观看视频

第三部分　操控类

40. 包饺子

适合对象：9 岁以下的学生。

游戏价值：发展学生的协调性和平衡能力，培养学生不怕困难的精神。

相关练习：叉腰跳、立臂跳练习，协调性练习。

器材准备：蹦床 12 张，呼啦圈 12 个。

注意事项：场地平整，周边无其他障碍物；游戏前进行充分的热身；游戏时注意转动呼啦圈的时机；游戏过程中不要踩到转动的呼啦圈。

游戏组织：12 张蹦床摆成 3 排，每排 4 张，相邻蹦床间隔 1.5 米。

游戏做法：游戏开始后，学生站在蹦床上双手持呼啦圈进行并脚跳，弹跳的同时需要将呼啦圈先从脚下穿过，再从头上拿出，完成一次就称为包了 1 个饺子，在规定时间内比谁包的饺子数量多，包得最少的或者最慢的学生为大家唱一首歌。

游戏图解：

拓展提示

换不同大小的呼啦圈或增加不同的内容。

扫码观看视频

41.聪明的小兔子

适合对象：9岁以下的学生。

游戏价值：巩固学生在蹦床上的跳跃动作，发展学生的平衡能力，培养学生勇敢拼搏的精神。

相关练习：立定跳远、蹦床上的基础跳跃练习。

器材准备：蹦床2张，敏捷圈8个，标志桶2个。

注意事项：场地平整，周边无其他障碍物；游戏前进行充分的热身；从蹦床上跳下时保持身体平衡；游戏过程中不要踩到敏捷圈。

游戏组织：2张蹦床间隔2米摆放，每张蹦床后放置4个不同颜色的敏捷圈；学生分两组进行游戏。

游戏做法：每组学生分别在一张蹦床前排成一队。游戏开始后，教师发出颜色指令，学生从蹦床上跳跃到相对应颜色的敏捷圈内，同时将敏捷圈举过头顶跑到对面绕过标志桶后跑回来，将敏捷圈从头顶套过身体放到地上，跳出敏捷圈并将其摆好，再跳上蹦床与同伴击掌进行接力，依次进行，率先完成比赛的组获胜，输的组为赢的组表演一个舞蹈动作。

游戏图解：

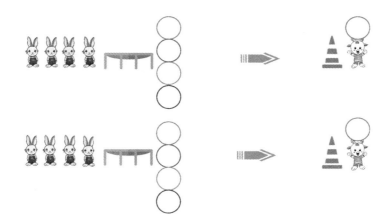

扫码观看视频

42.贪吃的小猴子

适合对象: 9岁以下的学生。

游戏价值: 发展学生的灵敏性和协调性,培养学生不怕困难的精神。

相关练习: 身体平衡练习,蹦床基础跳跃练习。

器材准备: 蹦床8张,小盒子8个,沙包数个。

注意事项: 场地平整,周边无其他障碍物;游戏前进行充分的热身;游戏时不要向学生头部投掷沙包。

游戏组织: 8张蹦床圆形摆放,相邻的蹦床间隔1米。

游戏做法: 一名学生(小猴子)一张蹦床,在蹦床上做跳跃动作。教师站在圆圈中间,向学生(小猴子)投掷沙包,学生(小猴子)需要用小盒子尽可能多地接沙包。接到沙包最多的"小猴子"获得当小教师的机会一次。

游戏图解:

拓展提示

    扩大蹦床摆放的圆圈,增加接沙包的距离;变化不同的投掷物。

扫码观看视频

43. 套圈达人

适合对象： 9岁以下的学生。

游戏价值： 发展学生的协调性和平衡能力，培养学生的竞争意识。

相关练习： 套圈游戏，叉腰跳练习。

器材准备： 蹦床8张，敏捷圈数个，标志桶8个。

注意事项： 场地平整，周边无其他障碍物；游戏前进行充分的热身；游戏过程中不要在蹦床上肆意跑动。

游戏组织： 8张蹦床摆成两排，每排4张，相邻蹦床间隔1.5米，每张蹦床前放置1个标志桶。

游戏做法： 每名学生拿5个敏捷圈站在蹦床上做准备。游戏开始后，根据教师发出的指令做跳跃动作，在跳跃过程中需要将5个敏捷圈抛出去套标志桶，套中敏捷圈多者为胜利者，套中最少的学生模仿小熊在地面爬行。

游戏图解：

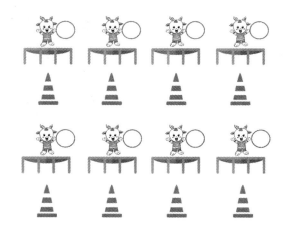

扫码观看视频

拓展提示

调整套圈的距离；调整被套目标物的口径大小。

44. 危险的炸弹

适合对象：9岁以下的学生。

游戏价值：发展学生的协调性和反应能力，培养学生不怕困难的精神。

相关练习：叉腰跳、立臂跳练习。

器材准备：蹦床8张，沙包8个。

注意事项：场地平整，周边无其他障碍物；游戏前进行充分的热身；跳跃时不要踩到沙包。

游戏组织：8张蹦床摆成两排，每排4张，相邻蹦床间隔1米。

游戏做法：学生站在蹦床上，蹦床上放置1个沙包。游戏开始后，学生并脚跳，在跳的过程中需要躲避沙包（炸弹），不能踩到沙包或被沙包触碰到。被碰到则视为失败，失败者表演兔子跳后继续游戏。

游戏图解：

扫码观看视频

拓展提示

增加蹦床上的沙包数量；变化不同的跳跃动作进行游戏。

45. 我是投弹小能手

适合对象：9 岁以下的学生。

游戏价值：发展学生的协调性，培养学生的正确胜负观和团队精神。

相关练习：篮球传接球、蹦床基础跳跃练习。

器材准备：蹦床 8 张，沙包数个，小箩筐 8 个。

注意事项：场地平整，周边无其他障碍物；游戏前进行充分的热身；游戏过程中注意组织纪律和安全；根据教师口令投掷沙包，沙包不能往人身上投掷。

游戏组织：8 张蹦床摆成两排，每排 4 张，每排相邻蹦床间隔 1 米；学生两人一组进行游戏。

游戏做法：游戏开始后，一排蹦床上的学生手拿沙包按照教师要求的动作进行跳跃，另一排站在对面蹦床上的学生手拿小箩筐，拿沙包的学生要在跳跃的同时将沙包扔进筐内。在规定时间内沙包扔进筐最多的组获胜，扔进筐最少的组为大家表演节目。

游戏图解：

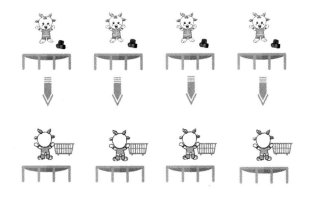

扫码观看视频

46. 小小运输车

适合对象： 9岁以下的学生。

游戏价值： 发展学生的协调性，培养学生的正确胜负观和团队精神。

相关练习： 仰卧起坐、平衡练习。

器材准备： 蹦床8张，花球数个，环形圈4个。

注意事项： 场地平整，周边无其他障碍物；游戏前进行充分的热身；游戏过程中不要在蹦床上肆意跑动。

游戏组织： 8张蹦床摆成两排，每排4张，两排蹦床间隔2米，每排4张蹦床紧贴摆放；学生分两组进行游戏。

游戏做法： 学生坐在蹦床上，两脚抬离蹦床，每排蹦床的两端各放置一个环形圈，起点处的环形圈内放置花球。两组学生进行比赛，通过手递手传递，将起点处的花球全部运送到终点处的环形圈内，率先完成运输的组获胜，输的组为赢的组表演小蛇模仿秀。

游戏图解：

拓展提示

　　变换不同的传递方法，如用双脚进行传递；增加传递物的数量或调整传递物的大小。

扫码观看视频

47. 守护阵地

适合对象：9岁以下的学生。

游戏价值：发展学生的灵敏性和速度素质，培养学生的正确胜负观。

相关练习：抛物接物、丢沙包游戏。

器材准备：蹦床8张，沙包数个。

注意事项：场地平整，周边无其他障碍物；游戏前进行充分的热身；投掷沙包时不要向蹦床上的学生头部投掷；游戏过程中不要踩到蹦床上的沙包。

游戏组织：8张蹦床摆成两排，每排4张，相邻蹦床间隔1.5米。

游戏做法：学生两人一组，用"石头、剪刀、布"来决定进攻方和防守方。进攻方站在蹦床下手持沙包投向蹦床，防守方站在蹦床上用身体的各个部位击飞沙包，不能让沙包落到自己的蹦床上。守护成功则获胜，反之失败，输的一方为赢的一方表演青蛙跳。

游戏图解：下图只选择了4张蹦床作为图示。

拓展提示

交换角色，蹦床下的学生躲避沙包；增加沙包的数量。

扫码观看视频

48. 抓住松鼠尾巴

适合对象：9岁以下的学生。

游戏价值：练习跳转180°的技术动作，发展学生的灵敏性和协调性，培养学生坚持到底、不怕困难的精神。

相关练习：跳转180°、立臂跳练习。

器材准备：蹦床8张，彩带8根。

注意事项：场地平整，周边无其他障碍物；游戏前进行充分的热身；在蹦床上跳跃时保持身体的平衡；游戏过程中不得有推人的现象。

游戏组织：8张蹦床圆形摆放，相邻蹦床间隔1.5米。

游戏做法：8名学生站到蹦床上，把尾巴（彩带）系在后腰上。音乐开始后，教师在蹦床间来回穿梭去抓学生系好的尾巴，学生通过在蹦床上跳跃改变身体方位来保护尾巴，但不能用手遮挡尾巴。尾巴被抓住的学生表演青蛙跳后继续游戏。

游戏图解：

拓展提示

　　调整彩带的长度，增加游戏难度；增加蹦床的数量，扩大游戏的范围。

扫码观看视频

49. 头顶运纸

适合对象： 9岁以下的学生。

游戏价值： 巩固学生在蹦床上的稳定性，发展学生的上肢力量和专注力，培养学生顽强拼搏的精神。

相关练习： 单脚平衡、行走平衡木练习。

器材准备： 蹦床8张，A4纸8张。

注意事项： 场地平整，周边无其他障碍物；游戏前进行充分的热身；游戏过程中注意组织纪律和安全，不得有推人的现象。

游戏组织： 8张蹦床摆成两排，每排4张，相邻蹦床间隔1.5米；学生分两组进行游戏。

游戏做法： 每组学生成一路纵队站好，每名学生头顶白纸，双臂打开保持平衡，绕蹦床走S形路线，将白纸运送到目的地，之后迅速跑回起点与下一名学生击掌接力。途中白纸如果掉落需要回到起点重新开始，率先全员完成挑战的组获胜，输的组进行30秒兔子跳。

游戏图解：

扫码观看视频

50. 小小击剑手

适合对象：9岁以下的学生。

游戏价值：发展学生的协调性和平衡能力，培养学生的规则意识和团队精神。

相关练习：击剑项目的进攻与躲闪练习。

器材准备：蹦床12张，泡沫棒12根。

注意事项：场地平整，周边无其他障碍物；游戏前进行充分的热身；游戏时不要进攻面部；游戏过程中身体保持平衡，防止摔倒。

游戏组织：12张蹦床摆成两排，每排6张，相邻蹦床间隔1米。

游戏做法：学生两人一组，分别拿上一根泡沫棒，站在同一排内相邻的两张蹦床上做好准备。游戏开始后，两人拿泡沫棒相互进行进攻与防守，身体被泡沫棒碰到算失败。输了的学生为赢了的学生表演动物模仿秀。

游戏图解：

扫码观看视频

中级组游戏 46 例

第一部分　跳跃类

51. 千里耳

适合对象：9～12岁的学生。

游戏价值：巩固学生的跳跃能力，发展学生的下肢力量、灵敏性和反应能力，培养学生遵守规则的意识和尊重对手的精神。

相关练习：立臂跳、带臂跳、叉腰跳。

器材准备：蹦床8张。

注意事项：场地平整，周边无其他障碍物；游戏前进行充分的热身；注意器材摆放的位置和间距。

游戏组织：8张蹦床摆成两排，每排4张，每排相邻蹦床间隔1.5米。

游戏做法：游戏开始后，教师吹哨：当听到一声哨声时，学生在蹦床上完成立臂跳；当听到两声哨声时，学生在蹦床上完成带臂跳；当听到三声哨声时，学生在蹦床上完成叉腰跳。根据哨声快速做出反应，反应慢或做错动作者被淘汰。教师也可根据实际情况自行安排动作。

游戏图解：

拓展提示

　　增加不同的跳跃动作，调整不同的口令与指示，变换不同的动作类型。

扫码观看视频

52. 蝴蝶的翅膀

适合对象: 9～12岁的学生。

游戏价值: 巩固学生在蹦床上的跳跃能力,发展学生的下肢力量和平衡能力,培养学生公平竞争、积极进取的精神。

相关练习: 开合跳、带臂跳。

器材准备: 蹦床8张。

注意事项: 场地平整,周边无其他障碍物;游戏前进行充分的热身;注意器材摆放的位置和间距。

游戏组织: 8张蹦床摆成两排,每排4张,每排相邻蹦床间隔1.5米;学生两人一组进行游戏。

游戏做法: 每组学生一人在蹦床上垂直向上跳,手臂在身体两侧伸直模仿蝴蝶翅膀做上下扇动,另一人在蹦床下统计蹦床上的学生手臂扇动的次数,1分钟后两人互换角色,最后统计每组两人手臂扇动次数,多者为赢的一方。

游戏图解:

拓展提示

游戏做法不变,改变跳跃动作,在规定时间内统计动作次数,增加游戏的难度和挑战性。

扫码观看视频

53. 鲤鱼跳龙门

适合对象：9～12 岁的学生。

游戏价值：巩固学生在蹦床上的弹跳技术，发展学生的下肢力量和跳跃能力，培养学生不怕困难、团队协作的精神。

相关练习：蹦床跳跃接力、叉腰跳。

器材准备：蹦床 8 张，跳箱 2 个。

注意事项：场地平整，周边无其他障碍物；游戏前进行充分的热身；在蹦床上跳跃时控制好发力，保持安全距离；游戏过程中不要在蹦床上肆意跑动。

游戏组织：8 张蹦床摆成两排，每排 4 张，两排蹦床间隔一定距离，每排 4 张蹦床紧贴摆放，在距最后一张蹦床一定距离处放置跳箱作为龙门；学生分两组进行游戏。

游戏做法：两组学生列队站好在起点做准备。游戏开始后，第一名学生跳上蹦床，依次叉腰跳经过每张蹦床，在最后一张蹦床上跳上跳箱（龙门）再从跳箱另一侧跳下，待第一名学生跳跃龙门后，第二名学生即可出发，后面学生依次进行，当最后一名学生完成跳龙门时，用时少的组获胜。

游戏图解：

扫码观看视频

54.你比画我猜

适合对象: 9~12岁的学生。

游戏价值: 巩固学生在蹦床上的跳跃技术,发展学生的下肢力量和专注力,培养学生的团队精神。

相关练习: 分腿跳、团身跳。

器材准备: 蹦床8张。

注意事项: 场地平整,周边无其他障碍物;游戏前进行充分的热身;注意器材摆放的位置和间距。

游戏组织: 8张蹦床摆成两排,每排4张,每排相邻蹦床间隔1米;学生分两组进行游戏。

游戏做法: 根据教师所给的提示内容(叉腰跳、立臂跳、带臂跳、转体180°、跪弹网、坐弹网、分腿跳等),蹦床上的前3名学生依次比画动作,最后一名学生负责猜出本组的动作名称。游戏开始后,所有学生要背对第一名学生,只有当要比画时,后一名学生才能转身。猜完一个动作继续比画下一个动作,游戏计时1分钟,猜对动作次数多的组获胜。

游戏图解:

拓展提示

游戏做法不变,适当增加游戏难度,以提高学生的跳跃能力。

扫码观看视频

55. 蹦床传声筒

适合对象： 9～12 岁的学生。

游戏价值： 巩固学生在蹦床上的稳定性，发展学生的下肢力量和反应能力，培养学生的集体荣誉感和团队精神。

相关练习： 蹦床基础难度动作练习。

器材准备： 蹦床 8 张。

注意事项： 场地平整，周边无其他障碍物；游戏前进行充分的热身；注意器材摆放的位置和间距。

游戏组织： 8 张蹦床摆成两排，每排 4 张，每排相邻蹦床间隔 1.5 米；学生分两组进行游戏。

游戏做法： 每组第一名学生与最后一名学生不上蹦床，除第一名学生外，其余学生背对教师（或学生）站立做准备。每组第一名学生负责模仿教师的动作后进行传递。只有当第一名学生要开始模仿教师的动作时，后一名学生才能转身。最后由每组最后一名学生来展示这段动作，模仿最准确的组获胜。

游戏图解：

扫码观看视频

56. 比比谁跳得远

适合对象： 9～12岁的学生。

游戏价值： 巩固学生的蹦床技术，发展学生的弹跳力和协调性，培养学生遵守规则的意识和积极进取的精神。

相关练习： 立定跳远、叉腰跳。

器材准备： 蹦床8张，敏捷圈6个。

注意事项： 场地平整，周边无其他障碍物；游戏前进行充分的热身；游戏过程中注意保护与帮助。

游戏组织： 8张蹦床摆成两排，每排4张，两排蹦床间隔2米，每排4张蹦床紧贴摆放；学生分两组进行游戏。

游戏做法： 各组学生列队站好在起点做准备。游戏开始后，第一名学生跳上蹦床，依次叉腰跳经过每张蹦床，然后跳进最后一张蹦床前方的敏捷圈，跳进第一个敏捷圈积1分，跳进第二个敏捷圈积2分，跳进第三个敏捷圈积3分（没有跳进圈内的不计分），后面的学生依次进行，积分高的组获胜。

游戏图解：

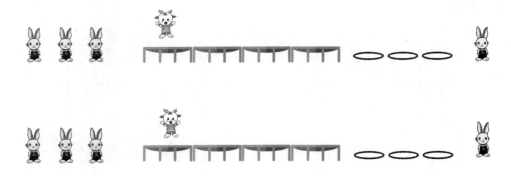

扫码观看视频

57. 创意小天才

适合对象： 9～12岁的学生。

游戏价值： 锻炼学生的创编能力，培养学生的团队精神与尊重对手的精神。

相关练习： 蹦床基础难度动作练习。

器材准备： 蹦床8张，音响1个。

注意事项： 场地平整，周边无其他障碍物；游戏前进行充分的热身；编排动作的组合要符合逻辑；游戏过程中不要在蹦床上肆意跑动。

游戏组织： 8张蹦床摆成两排，每排4张，每排相邻蹦床间隔2米；学生分两组进行游戏。

游戏做法： 每名学生可选择9个规定动作（叉腰跳、立臂跳、带臂跳、开合跳、团身跳、转体180°、跪弹、坐弹、分腿跳）中的4个动作进行创编。听到音乐后，每组学生挑选动作并根据节奏的变换进行创编，组合一套4个八拍的动作套路并进行展示。展示后，两组学生可互相投票，票多的组获胜。

游戏图解：

扫码观看视频

58.谁是卧底

适合对象：9～12岁的学生。

游戏价值：锻炼学生的耐力与肢体表现力，培养学生积极进取的精神。

相关练习：蹦床基础难度动作练习。

器材准备：蹦床8张，提示卡数张。

注意事项：场地平整，周边无其他障碍物；游戏前进行充分的热身；不能两人在同一张蹦床上进行游戏；游戏过程中不要在蹦床上肆意跑动。

游戏组织：8张蹦床摆成两排，每排4张，每排相邻蹦床间隔2米；学生分两组进行游戏。

游戏做法：一组学生在蹦床上，另一组学生在蹦床下。蹦床下的一组学生同时向自己对应的蹦床上的学生举起展示提示卡，蹦床上的学生用肢体动作表现提示卡中的内容。20～30秒后同一组蹦床下的学生可举手来说谁是"卧底"。每次提示卡的动作名称相同，若蹦床上的学生动作做的不对则为"卧底"。淘汰被认出的"卧底"，猜中者补位进行第二轮游戏。

游戏图解：

拓展提示

　　教师可自行安排一些容易模仿的动作，如打羽毛球、打乒乓球、打篮球等。

扫码观看视频

59.蹦跳超人

适合对象： 9～12岁的学生。

游戏价值： 巩固学生在蹦床上的稳定性，发展学生的下肢力量和弹跳力，培养学生遵守规则的意识和诚信自律的品质。

相关练习： 立定跳远、正踢腿练习。

器材准备： 蹦床8张，泡沫棒2根。

注意事项： 场地平整，周边无其他障碍物；游戏前进行充分的热身；注意将泡沫棒控制在合理的高度；跳跃时控制身体的平衡。

游戏组织： 8张蹦床摆成两排，每排4张，两排蹦床间隔2米，每排4张蹦床紧贴摆放；学生分两组进行游戏。

游戏做法： 各组学生在起点列队站好，教师（或学生）手拿泡沫棒站在最后一张蹦床旁。游戏开始后，每组第一名学生依次跳跃经过一排蹦床，并借助最后一张蹦床上的跳跃腾空，踢腿用腿或脚触及泡沫棒，安全落地后，本组下一名学生才可进行游戏，最后一名学生率先完成的组获胜。

游戏图解：

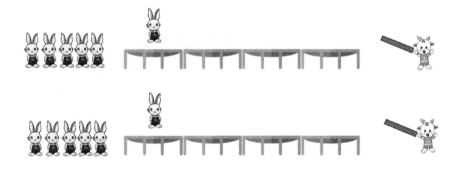

腾空踢腿可换成分腿跳等，设置不同动作；调整泡沫棒的高度。

扫码观看视频

第二部分　对抗类

60.夹海绵抛球

适合对象： 9～12 岁的学生。

游戏价值： 巩固学生的蹦床技术，发展学生的平衡能力，培养学生积极向上、顽强拼搏的精神。

相关练习： 立臂跳、排球传接球。

器材准备： 蹦床 8 张，排球 8 个，海绵块 8 块。

注意事项： 场地平整，周边无其他障碍物；游戏前进行充分的热身；注意传球的准确性以及抛接球的时机，不要将球抛向对方下肢。

游戏组织： 8 张蹦床摆成两排，每排 4 张，每排相邻蹦床间隔 1.5 米。

游戏做法： 学生两人一组进行游戏，一人在蹦床上，两小腿之间夹一海绵块；另一人在蹦床下，双手持 1 个排球。游戏开始后，蹦床上的学生做夹海绵块跳跃，并与蹦床下的学生相互传接球，传接球过程中球掉落者被淘汰，在 1 分钟内传接球次数多的组获胜。

游戏图解：

扫码观看视频

61. 无敌拍球手

适合对象： 9～12岁的学生。

游戏价值： 巩固学生的蹦床技术，发展学生的灵敏性，培养学生勇敢果断、坚韧不拔的精神。

相关练习： 立臂跳、并脚跳练习。

器材准备： 蹦床8张，乒乓球数个。

注意事项： 场地平整，周边无其他障碍物；游戏前进行充分的热身；游戏过程中不得向蹦床上学生的头部抛球。

游戏组织： 8张蹦床摆成两排，每排4张，每排相邻蹦床间隔1.5米。

游戏做法： 学生两人一组进行游戏，一人在蹦床上，另一人在蹦床下。游戏开始后，蹦床下的学生将乒乓球抛向蹦床上的学生，蹦床上的学生在并脚跳的同时用手或球拍将乒乓球拍向蹦床下的学生，蹦床下的学生抛球10次，蹦床上的学生未拍中乒乓球则该组被淘汰，坚持到最后的组获胜。

游戏图解：

拓展提示

　　游戏做法不变，蹦床下的学生可自由移动位置；调整抛接球的距离。

扫码观看视频

62. 四面八方的球

适合对象： 9～12 岁的学生。

游戏价值： 发展学生的协调性和平衡能力，培养学生的合作意识与团队精神。

相关练习： 跳转 180°、跳转 360° 练习。

器材准备： 蹦床 8 张，篮球 8 个。

注意事项： 场地平整，周边无其他障碍物；游戏前进行充分的热身；跳跃时控制好身体的平衡；游戏过程中注意传接球的时机。

游戏组织： 8 张蹦床摆成两排，每排 4 张，每排相邻蹦床间隔 2 米。

游戏做法： 学生两人一组进行游戏，一人在蹦床上跳跃，另一人在蹦床下与蹦床上的学生传接球。蹦床下的学生围绕蹦床绕圈移动进行各方位传球，蹦床上的学生通过转体的方式接住来自各个方向的球。在 1 分钟内传接球次数多的组获胜。

游戏图解：

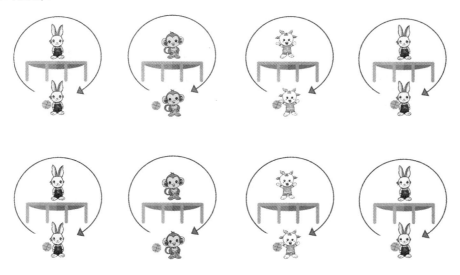

扫码观看视频

63. 狭路相逢

适合对象： 9～12岁的学生。

游戏价值： 锻炼学生对蹦床的控制能力，培养学生的团队精神。

相关练习： "石头、剪刀、布"游戏。

器材准备： 蹦床6张。

注意事项： 场地平整，周边无其他障碍物；游戏前进行充分的热身；游戏过程中不要在蹦床上肆意跑动。

游戏组织： 6张蹦床成一排紧贴摆放；学生分两组进行游戏。

游戏做法： 两组学生分别列队站在一排蹦床的两端。游戏开始后，两端的第一名学生同时站在两端的蹦床上向前跳跃，相遇后两名学生进行"石头、剪刀、布"游戏，输的学生返回队伍末尾继续排队，赢的学生继续前进一步，同时输的一方马上派另一名学生前进对抗，所有成员最先到达对面的组获胜。

游戏图解：

拓展提示

　　游戏做法不变，连续跳跃时教师可规定跳跃方法，也可增加蹦床的数量，以增加连续跳跃的难度。

扫码观看视频

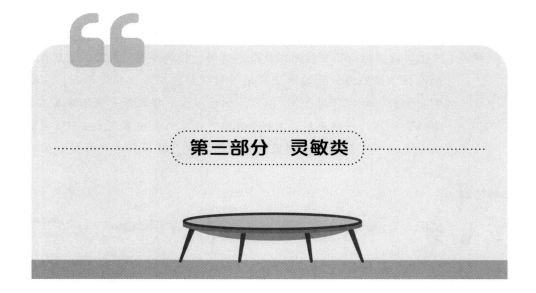

第三部分　灵敏类

64.摩斯密码

适合对象： 9~12岁的学生。

游戏价值： 巩固学生对蹦床的熟悉性，发展学生的灵敏性，培养学生积极进取、遵守规则及团队协作的精神。

相关练习： 带臂跳、立臂跳。

器材准备： 蹦床12张。

注意事项： 场地平整，周边无其他障碍物；游戏前进行充分的热身；注意跳跃时控制好身体的平衡；游戏过程中不要在蹦床上肆意跑动。

游戏组织： 12张蹦床摆成4排，每排3张，相邻蹦床间隔1.5米；学生分4组进行游戏。

游戏做法： 学生听教师报数字密码并记住数字密码。听教师哨声出发，学生按数字密码顺序依次在每一张蹦床上完成带臂跳动作或其他指定动作，完成后返回。例如，数字密码为3、1、2，学生出发后将在第一张蹦床完成3个带臂跳，在第二张蹦床完成1个带臂跳，在第三张蹦床完成2个带臂跳，完成后迅速跳下蹦床，跑回至队伍最后排队，最后一名队员先返回起点的组获胜。

游戏图解：

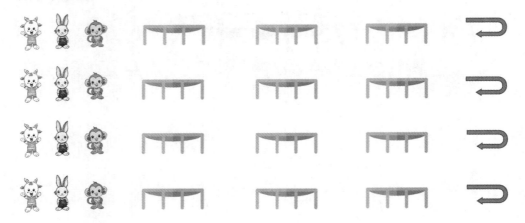

可适当增加蹦床数量，增加密码长度，考验学生记忆力。

扫码观看视频

65. 智勇大冲关

适合对象: 9～12岁的学生。

游戏价值: 发展学生的身体素质,培养学生积极进取、顽强拼搏的精神。

相关练习: 跑跳练习、反应能力练习。

器材准备: 蹦床8张,敏捷圈8个,标志桶2个。

注意事项: 场地平整,周边无其他障碍物;游戏前进行充分的热身;游戏过程中不要在蹦床上肆意跑动。

游戏组织: 8张蹦床摆成两排,每排4张,两排蹦床间隔2米,每排4张蹦床紧贴摆放,最后一张蹦床后放标志桶;学生分两组进行游戏。

游戏做法: 学生接力进行赛道冲关,首先用单、双脚跳完成摆放在最前端的敏捷圈任务,之后在蹦床上完成基础跳跃任务,然后在标志桶处绕3圈,最后冲刺返回起点与下一名学生击掌接力,依次进行,用时短的组获胜,输的组进行才艺展示或蹲起5次。

游戏图解:

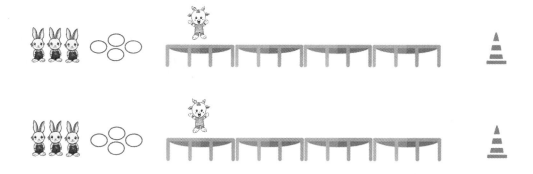

拓展提示

　　变换不同道具组成不同的冲关赛道,全面发展学生的身体素质。

扫码观看视频

66. 捕大鱼

适合对象： 9～12岁的学生。

游戏价值： 巩固学生对蹦床的熟悉性，发展学生的灵敏性，培养学生不怕困难、勇敢顽强的精神。

相关练习： 团身跳、屈体跳。

器材准备： 蹦床8张，绳子2根。

注意事项： 场地平整，周边无其他障碍物；游戏前进行充分的热身；游戏过程中绳子不要绊到蹦床上的学生。

游戏组织： 8张蹦床摆成两排，每排4张，两排蹦床间隔2米，每排4张蹦床紧贴摆放；学生分两组进行游戏。

游戏做法： 每组由两名学生负责拉绳，其余学生站于蹦床上当"大鱼"，两名学生负责将绳子拉直至适合高度，来回移动使绳子反复扫过一排蹦床，"大鱼"判断绳子的高度进行跳跃。若"大鱼"碰到绳子则与拉绳的学生互换位置，并接受游戏惩罚。

游戏图解：

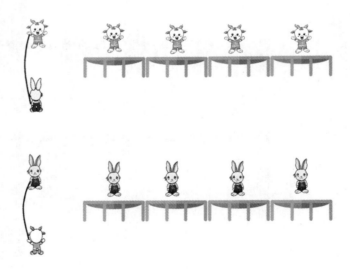

扫码观看视频

拓展提示

增加一组或两组拉绳的学生，加快捕鱼速度，考验学生的反应能力。

67. 抢蹦床

适合对象： 9～12 岁的学生。

游戏价值： 巩固学生对蹦床的熟悉性，发展学生的灵敏性和跳跃能力，培养学生不怕困难、公平竞争的精神。

相关练习： 叉腰跳、反应能力练习。

器材准备： 蹦床 8 张。

注意事项： 场地平整，周边无其他障碍物；游戏前进行充分的热身；在抢蹦床的过程中防止摔倒、撞伤，游戏过程中不要在蹦床上肆意跑动。

游戏组织： 8 张蹦床分两组，每组 4 张，每组 4 张蹦床正方形或圆形摆放，相邻蹦床间隔 1 米；学生分两组进行游戏。

游戏做法： 每组选一名学生站在 4 张蹦床中间，其余 4 名学生站在蹦床上，4 名学生在蹦床上任意跳动或做教师指定的动作，站在地面的学生在原地做指定的动作或跳动，5～8 秒内蹦床上的学生必须交换一次蹦床，蹦床下的学生抓住这个交换蹦床时机抢蹦床。游戏过程中要求蹦床上的学生不能静止不动，没有抢到蹦床的学生到中间空地接受游戏惩罚后进行下一轮游戏。

游戏图解：

扫码观看视频

68.听口令

适合对象： 9～12岁的学生。

游戏价值： 巩固学生对蹦床的熟悉性，发展学生的灵敏性和跳跃能力，培养学生积极进取的精神。

相关练习： 蹦床基础跳跃练习。

器材准备： 蹦床8张。

注意事项： 场地平整，周边无其他障碍物；游戏前进行充分的热身；游戏过程中不要在蹦床上肆意跑动。

游戏组织： 8张蹦床摆成两排，每排4张，每排相邻蹦床间隔1米。

游戏做法： 游戏开始后，8名学生先站立于蹦床上做准备，其余学生在蹦床下等待。当听到"教师说"3个字的时候，此口令为真口令，当没有"教师说"3个字的时候则为假口令，每一句真口令伴随一个动作，假口令则不做动作，当出现假口令却做了动作或真口令未做动作的则被淘汰，等待的学生依次替换上蹦床，最后留下的5名学生获胜，输的学生为赢的学生表演节目。

游戏图解：

拓展提示

游戏做法不变，提升动作难度；或者真口令做相反的动作则为成功。

扫码观看视频

69.萝卜蹲、蹲、蹲

适合对象： 9～12 岁的学生。

游戏价值： 锻炼学生在蹦床上的网感，培养学生积极进取的精神。

相关练习： 半蹲练习、深蹲练习。

器材准备： 蹦床 8 张。

注意事项： 场地平整，周边无其他障碍物；游戏前进行充分的热身；游戏过程中有序上蹦床进行游戏。

游戏组织： 8 张蹦床摆成两排，每排 4 张，每排相邻蹦床间隔 2 米；学生两人一组分别命名为"红萝卜""黄萝卜"进行游戏。

游戏做法： 每组两名学生围绕蹦床沿顺时针方向慢跑，当教师喊"红（黄）萝卜蹲"时，对应的学生立刻上蹦床进行连续的下蹲动作，另一名学生则继续绕蹦床慢跑，直到"红（黄）萝卜蹲、蹲、蹲……"的口令结束，蹦床上的学生下蹦床与另一名学生一起继续围绕蹦床沿顺时针方向慢跑，继续游戏。口令响起时未及时上蹦床者即被淘汰。

游戏图解：

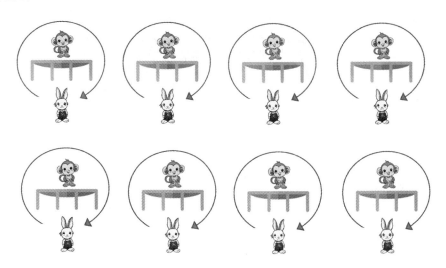

扫码观看视频

拓展提示

增加游戏人数，4 人一组，命名为"红萝卜""黄萝卜""白萝卜""绿萝卜"，游戏形式不变。

第四部分　搬运类

70. 快速传递

适合对象： 9~12岁的学生。

游戏价值： 发展学生的腰腹力量、平衡能力和协调性，培养学生奋勇向前、团队协作的精神。

相关练习： 仰卧起坐、仰卧举腿。

器材准备： 蹦床8张，花球2个。

注意事项： 场地平整，周边无其他障碍物；游戏前进行充分的热身。

游戏组织： 8张蹦床摆成两排，每排4张，两排蹦床间隔2米，每排4张蹦床紧贴摆放；学生分两组进行游戏。

游戏做法： 每组4名学生在蹦床上做好仰卧举腿的动作，当听到教师吹哨提示开始后，第一名学生用双腿夹好花球运给下一名学生，接球的学生也必须用双腿夹好花球后再传给下一名学生，直到本组所有学生完成接力。先完成传递的组获胜。如果花球掉落，则由掉花球者夹起后重新开始。

游戏图解：

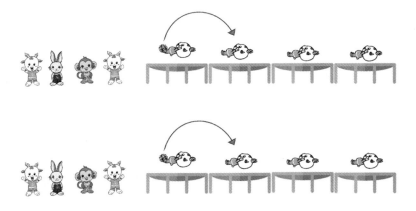

扫码观看视频

79

71.蹦床接力投篮

适合对象： 9～12岁的学生。

游戏价值： 提高学生在蹦床上的开合跳技术，发展学生的协调性和平衡能力，增强学生的腿部、手臂力量，培养学生的规则意识和团队精神。

相关练习： 双手胸前投篮、持球在蹦床上跳跃练习。

器材准备： 蹦床12张，篮球2个，篮筐2个。

注意事项： 场地平整，周边无其他障碍物；游戏前进行充分的热身；游戏过程中不要踩到篮球；篮筐要调整至合理高度。

游戏组织： 12张蹦床摆成两排，每排6张，两排蹦床间隔一定距离，每排6张蹦床紧贴摆放，每排最后一张蹦床后适当距离处放置1个篮筐；学生分两组进行游戏。

游戏做法： 当听到教师发出"开始"口令后，每组第一名学生先在地上做开合跳5个，拿起篮球在蹦床上跑起来，到达最后一张蹦床纵跳投篮，投进去则得1分。投完之后抱球跑回起点，将篮球放回第一张蹦床上，与下一个人击掌接力，直到所有人完成接力投篮，进球次数多的组获胜。

游戏图解：

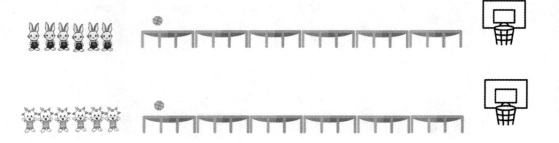

扫码观看视频

72. 齐头并进

适合对象： 9～12岁的学生。

游戏价值： 提高学生在蹦床上的支撑技术，发展学生的协调性，培养学生奋勇向前、团队协作的精神。

相关练习： 平板支撑、支撑移动。

器材准备： 蹦床8张，瑜伽砖数块。

注意事项： 场地平整，周边无其他障碍物；游戏前进行充分的热身；注意支撑时手臂的姿态。

游戏组织： 8张蹦床摆成两排，每排4张，两排蹦床间隔一定距离，每排4张蹦床紧贴摆放；学生分两组进行游戏。

游戏做法： 每组第一名学生双手支撑在地面上，双脚在蹦床上，背部放上瑜伽砖，身体以"平板手支撑"的姿势手脚并用同时侧向移动，保持瑜伽砖不掉下来，依次通过4张蹦床到达对面后将瑜伽砖传递给下一名学生进行接力，先完成的组获胜。中途如果瑜伽砖掉落，则重新摆放好再继续游戏。

游戏图解：

拓展提示

在背部放置不同重量的物品，增加游戏难度；或规定游戏时间来提高移动速度。

扫码观看视频

73. 套圈我最准

适合对象： 9～12岁的学生。

游戏价值： 提高学生在蹦床上的并脚跳和带臂跳等技术，发展学生的速度、协调性和爆发力，培养学生奋勇向前、团队协作的精神。

相关练习： 蹦床跳箱、团身跳。

器材准备： 蹦床8张，跳绳6根，敏捷圈数个，标志桶2个。

注意事项： 场地平整，周边无其他障碍物；游戏前进行充分的热身；游戏过程中跳跃时注意安全，不要被绳子绊倒。

游戏组织： 8张蹦床摆成两排，每排4张，两排蹦床间隔一定距离，每排4张蹦床紧贴摆放，每相邻两张蹦床间由2名学生拉1根跳绳作为障碍，敏捷圈距最后一张蹦床0.5米，标志桶距最后一张蹦床2米；学生分两组进行游戏。

游戏做法： 当听到教师发出"开始"口令后，学生手拿敏捷圈依次跳跃经过前方每张蹦床，并越过蹦床与蹦床之间的跳绳（教师可以根据学生的能力要求学生用带臂跳或并脚跳越过障碍），跳到最后一张蹦床后跳到前方地上的敏捷圈内，再把手里的敏捷圈抛出套进标志桶，完成任务后下一名学生开始游戏。当每组学生全部完成任务后，由裁判员统计套上标志桶的敏捷圈数量，套上标准桶的敏捷圈个数多的组获胜。

游戏图解：

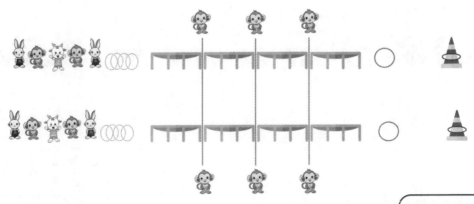

拓展提示

调整标志桶的距离或调整跳绳的高度来增加游戏难度。

扫码观看视频

74. 运输甜甜圈

适合对象： 9~12 岁的学生。

游戏价值： 提高学生在蹦床上的单脚跳技术，发展学生的下肢力量、速度和协调性，培养学生奋勇向前、团队协作的精神。

相关练习： 单脚跳、开合跳。

器材准备： 蹦床 8 张，花球数个。

注意事项： 场地平整，周边无其他障碍物；游戏前进行充分的热身；游戏过程中单脚跳跃时保持身体的平衡。

游戏组织： 8 张蹦床摆成两排，每排 4 张，两排蹦床间隔一定距离，每排 4 张蹦床紧贴摆放；学生分两组进行游戏。

游戏做法： 当听到教师发出"开始"口令后，两组学生依次手拿花球单脚跳快速通过每张蹦床。跳至最后一张蹦床前的空地上，用花球摆出教师所说的甜甜圈造型，在规定时间内先摆好造型的组获胜。

游戏图解：

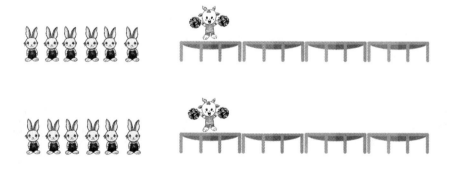

拓展提示

根据学生的能力设置不同的跳跃动作，如并脚跳、开合跳等。

扫码观看视频

75. 搬运糖果

适合对象: 9～12岁的学生。

游戏价值: 提高学生的蹦床技术,发展学生的腰腹力量、速度和协调性,培养学生奋勇向前、团队协作的精神。

相关练习: 开合跳、叉腰跳。

器材准备: 蹦床8张,标志碟数个。

注意事项: 场地平整,周边无其他障碍物;游戏前进行充分的热身;游戏过程中不要在蹦床上肆意跑动。

游戏组织: 8张蹦床成"十"字形摆放,中间空出放标志碟,标志碟数量与学生数量相等。8张蹦床分4组,每组两张蹦床紧贴摆放;学生分4组进行游戏。

游戏做法: 当听到教师发出"开始"口令后,每组排头的学生首先在第一张蹦床上做5个并脚跳,在第二张蹦床上做5个带臂跳,完成指定动作后,下蹦床在地面拿起1个标志碟,之后迅速返回起点,与下一名学生击掌接力,每组依次进行,最快完成的组获胜。

游戏图解:

扫码观看视频

第五部分　力量类

76.幸运大转盘

适合对象: 9~12岁的学生。

游戏价值: 加强学生在蹦床上的稳定性,发展学生的上肢力量和腰腹力量,培养学生不怕困难、团队协作的精神。

相关练习: 平板支撑、直臂支撑移动。

器材准备: 蹦床6张。

注意事项: 场地平整,周边无其他障碍物;游戏前进行充分的热身;游戏过程中支撑移动时注意手臂的正确姿态。

游戏组织: 6张蹦床任意摆放,相邻蹦床间隔3米;学生4人一组进行游戏。

游戏做法: 4人一张蹦床,背向蹦床在前、后、左、右四个方位站立。游戏开始后,学生将双脚放到蹦床上,同时双手撑地。当听到教师喊任意数字(1~4)时,学生迅速沿逆时针方向用手爬行转动至相应的方向,转动时不塌腰。听到指令后,游戏开始并计时,10秒内没有完成的组被淘汰,其余的组按此规则继续游戏,直至剩最后一组,该组获胜,输的组给获胜的组表演兔子跳。

游戏图解:

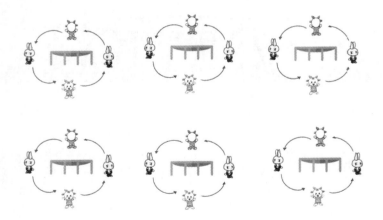

扫码观看视频

拓展提示

把每张蹦床的人数增加至5~7人,提高游戏的趣味性和难度,培养学生自我挑战的精神。

77. 坚持不懈

适合对象： 9～12岁的学生。

游戏价值： 加强学生在蹦床上的稳定性，发展学生的下肢力量和腰腹力量，培养学生不怕困难、勇于挑战自我和团队协作的精神。

相关练习： 半蹲静控、燕式平衡。

器材准备： 蹦床12张。

注意事项： 场地平整，周边无其他障碍物；游戏前进行充分的热身；两人站起时要同时发力；游戏过程中不要两人一起在同一张蹦床上跳跃。

游戏组织： 12张蹦床摆成两排，每排6张，相邻蹦床间隔1.5米；学生两人一组进行游戏。

游戏做法： 两人在同一张蹦床，要求两人背对背，两臂互挽坐在蹦床上做准备。当听到教师发出"开始"口令后，每组两人在不用手撑地且无其他外力帮助的情况下，自行站起来。随后依次增加人数，直至4人一起游戏，在规定时间内起身人数最多的组胜出，输的学生背赢的学生走一圈。

游戏图解：（因本书所用小动物形象固定，所以此游戏图解中无法绘制出两臂互挽动作）

拓展提示

　　改变游戏做法，规定只能用身体的部位进行辅助，如用左手或右手。

扫码观看视频

78. 我是大力士

适合对象： 9～12岁的学生。

游戏价值： 加强学生在蹦床上的稳定性，发展学生的上、下肢力量和腰腹力量，培养学生不怕困难、团队协作的精神。

相关练习： 深蹲、俯卧撑。

器材准备： 蹦床8张。

注意事项： 场地平整，周边无其他障碍物；游戏前进行充分的热身；搬蹦床时受力要平均。

游戏组织： 8张蹦床摆成两排，每排4张，相邻蹦床间隔2米；学生3人一组进行游戏。

游戏做法： 每张蹦床分别命名为黄萝卜、白萝卜、绿萝卜、青萝卜、红萝卜、紫萝卜……教师随机选中其中一组作为开始组，这组成员抬着蹦床边做蹲起动作边说："X萝卜蹲，X萝卜蹲，X萝卜蹲完Y萝卜蹲"，指定下一组做蹲起的萝卜组。当有小组犯错误时按规则进行淘汰，依此循环，直至剩下最后一组，该组为胜。输的学生两人一组，给赢的学生抬轿子坐。

游戏图解：

扫码观看视频

79. 开心传递

适合对象：9～12 岁的学生。

游戏价值：加强学生在蹦床上的稳定性，发展学生的腰腹力量，培养学生的规则意识和团队精神。

相关练习：仰卧起坐、协调性练习。

器材准备：蹦床 8 张，沙包 2 个。

注意事项：场地平整，周边无其他障碍物；游戏前进行充分的热身。

游戏组织：8 张蹦床摆成两排，每排 4 张，每排相邻蹦床间隔 1.5 米；学生分两组进行游戏。

游戏做法：每组 4 名学生屈腿仰卧于蹦床上，双手上举，另外 4 名学生分别站在每张蹦床右侧。游戏开始后，每组第一名学生在做仰卧起坐的同时将手中的沙包传递给站在其右侧的学生，站在其右侧的学生接到沙包后再传给下一名仰卧的学生，依次传递沙包，传到最后一名站着的学生后，仰卧和站的学生迅速交换位置，以同样的方法将沙包传回去，先传递完的组获胜，输的组给获胜的组表演骑马舞。

游戏图解：

扫码观看视频

80. 趣味大比拼

适合对象： 9～12岁的学生。

游戏价值： 加强学生在蹦床上的稳定性，发展学生的下肢力量和腰腹力量，培养学生不怕困难、勇于挑战的精神。

相关练习： 平板支撑、仰卧起坐。

器材准备： 蹦床8张。

注意事项： 场地平整，周边无其他障碍物；游戏前进行充分的热身；游戏过程中不要在蹦床上肆意跑动。

游戏组织： 8张蹦床摆成两排，每排4张，相邻蹦床间隔1米；学生分两组进行游戏。

游戏做法： 游戏前两组学生面对面用两手在体后撑蹦床，两脚并拢坐于蹦床上做准备。当教师发出口令后，学生的两脚随教师的口令做相应动作（"石头"——收腹屈腿动作，"剪刀"——两脚上下打开，"布"——两脚左右打开），输的学生被淘汰，赢的学生继续游戏，最终蹦床上未被淘汰的学生人数多的组获胜，输的组给赢的组说5句表扬的话。

游戏图解：

扫码观看视频

第六部分　平衡类

81. 认识五官

适合对象： 9～12岁的学生。

游戏价值： 加强学生在蹦床上的稳定性，发展学生的平衡能力和专注力，培养学生团队协作的精神。

相关练习： 蹦床上行走与跳跃。

器材准备： 蹦床8张，纸张2张，笔2支。

注意事项： 场地平整，周边无其他障碍物；游戏前进行充分的热身；游戏过程中跑动时注意安全，不要被蹦床绊倒。

游戏组织： 8张蹦床摆成两排，每排4张，相邻蹦床间隔1米；学生分两组进行游戏。

游戏做法： 每组学生依次跑步快速通过一排蹦床，到达目的地后拿笔在纸上画五官（如眼睛、鼻子、耳朵等），率先通过蹦床完成图画的组获胜，后面的组则可以大声说："你们真棒！"并竖起大拇指给获胜的组点赞。

游戏图解：

拓展提示

画五官时需要大声说出其名称并指出五官的位置，以增加游戏的趣味性，锻炼学生的语言表达力。

扫码观看视频

82. 上蹿下跳

适合对象： 9～12岁的学生。

游戏价值： 加强学生在蹦床上的稳定性，发展学生的平衡能力和弹跳力，培养学生遵守规则的意识和团队协作的精神。

相关练习： 立定跳远。

器材准备： 蹦床8张，敏捷圈6个。

注意事项： 场地平整，周边无其他障碍物；游戏前进行充分的热身。

游戏组织： 8张蹦床摆成两排，每排4张，相邻蹦床间隔1.5米，两张蹦床中间放置1个敏捷圈；学生分两组进行游戏。

游戏做法： 当听到教师发出"开始"口令后，每组排头的学生跳上蹦床并在蹦床上完成一个并腿跳，之后从蹦床上跳至前面的敏捷圈内，在敏捷圈内完成一个高抬腿动作，最后跑回起点处与下一名学生进行击掌接力，后面的学生依次按照前面动作要求进行，最后一名学生完成全部动作率先回到起点的组获胜，输的组为赢的组齐唱《我和我的祖国》。

游戏图解：

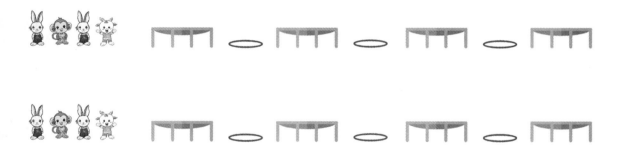

拓展提示

适当增加蹦床的数量；设置蹦床上和地面的不同动作。

扫码观看视频

83. 勇敢过障碍

适合对象： 9～12岁的学生。

游戏价值： 加强学生在蹦床上的稳定性，发展学生的弹跳力，培养学生不怕困难、敢于挑战自我和坚持到底的精神。

相关练习： 蹦床上行走与跳跃。

器材准备： 蹦床8张，障碍栏6个，乒乓球数个，圆桶2个。

注意事项： 场地平整，周边无其他障碍物；游戏前进行充分的热身；跳动时注意安全，不能相互推挤。

游戏组织： 8张蹦床摆成两排，每排4张，相邻蹦床间隔1米，两张蹦床中间放置1个障碍栏，最后一张蹦床1米外放置1个圆桶；学生分两组进行游戏。

游戏做法： 游戏开始后，每组第一名学生持球，依次跳上、跳下蹦床，然后跨过障碍栏，跳跃途中身体要保持平衡，球不要落地，到达最后一张蹦床上之后边跳边把球投入圆桶，再跑回起点处与下一名学生击掌接力，后面的学生依次按照前面动作要求进行，在规定时间内通过蹦床和障碍栏投进的球数量多的组获胜。

游戏图解：

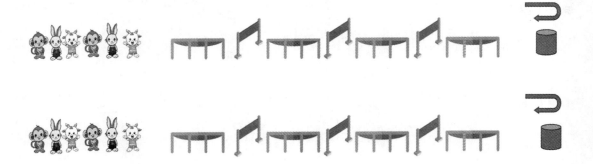

拓展提示

学生从蹦床跳下，持球钻过障碍栏，或设置最后投球的距离，以增加游戏的难度和挑战性。

扫码观看视频

84. 炸碉堡

适合对象： 9～12 岁的学生。

游戏价值： 加强学生在蹦床上的稳定性，发展学生的平衡能力和反应能力，培养学生积极进取、顽强拼搏的精神。

相关练习： 叉腰跳、立定跳远。

器材准备： 蹦床 8 张，自制手雷（沙包）数个，体操垫 2 个。

注意事项： 场地平整，周边无其他障碍物；游戏前进行充分的热身。

游戏组织： 8 张蹦床摆成两排，每排 4 张，相邻蹦床间隔 1 米，体操垫立着摆放在最后一张蹦床 1 米外；学生分两组进行游戏。

游戏做法： 游戏开始后，每组第一名学生手持自制手雷（沙包），依次向前跳跃经过 4 张蹦床，到达最后一张蹦床上之后边跳跃边完成投掷，成功击中碉堡（体操垫）的获得 1 分，未击中碉堡则无分，体操垫被击倒后要随即立起来，之后跑回起点与下一名同学击掌接力，后面的学生依次进行。最后得分高的组获胜，得分低的组齐唱《幸福拍手歌》。

游戏图解：

拓展提示

改变蹦床上的跳跃动作，如完成一个分腿跳或一个团身跳等。

85. 正中靶心

适合对象： 9～12岁的学生。

游戏价值： 发展学生的平衡能力、上肢力量及专注力，培养学生积极进取、勇于挑战的精神。

相关练习： 立臂跳、贴臂跳。

器材准备： 蹦床8张，沙包数个，瑜伽砖8块。

注意事项： 场地平整，周边无其他障碍物；游戏前进行充分的热身；跳动时要保持身体平衡以防摔倒。

游戏组织： 8张蹦床摆成两排，每排4张，相邻蹦床间隔1米，瑜伽砖在每排蹦床的一侧距蹦床1米摆成一排；学生两人一组进行游戏。

游戏做法： 每组学生，一人站在蹦床上，另一人手拿沙包站在蹦床下。当听到教师发出"开始"口令后，蹦床下的学生把沙包递给蹦床上的学生，蹦床上的学生跳跃到空中时将沙包投向蹦床下的瑜伽砖，投5次后两人交换位置轮流进行。蹦床下的学生负责将被沙包砸倒的瑜伽砖立起来。在规定时间内累计击中瑜伽砖最多的组获胜，输的组向赢的组说："向你们学习，你们真棒！"

游戏图解：

拓展提示

在并腿跳的基础上增加分腿跳。

扫码观看视频

第七部分　速度类

86. 喊数占位

适合对象： 9～12岁的学生。

游戏价值： 发展学生的反应能力和速度素质，培养学生的规则意识。

相关练习： 反应速度练习。

器材准备： 蹦床8张。

注意事项： 场地平整，周边无其他障碍物；游戏前进行充分的热身；跑动时学生之间不得有身体接触，以防摔倒。

游戏组织： 8张蹦床摆成两排，每排4张，相邻蹦床间隔2米；学生分两组进行游戏。

游戏做法： 教师给每张蹦床和每个学生编号，每一张蹦床代表一个数字，同时这个数字代表两名学生。游戏开始后，每组学生排成队，围着一排蹦床转圈进行跑动，当教师喊出某个数字时，其对应数字的学生立刻找到对应数字的蹦床坐上去，后坐到蹦床上的学生做3个深蹲。

游戏图解：

扫码观看视频

拓展提示

　　游戏做法不变，喊数字时可以采取加减乘除法，以发展学生的反应能力。

87. 追逐游戏

适合对象： 9～12 岁的学生。

游戏价值： 发展学生的灵敏性和速度素质，培养学生勇敢果断的品质。

相关练习： 蹦床上行走与跳跃。

器材准备： 蹦床 8 张。

注意事项： 场地平整，周边无其他障碍物；游戏前进行充分的热身；跑动时注意安全，不要相互推挤，以防摔倒；游戏过程中两人在蹦床上不要同时跳跃。

游戏组织： 8 张蹦床成圆形摆放，相邻蹦床间隔 1 米。

游戏做法： 每张蹦床上两名学生前后站立，另两名学生在地面一个跑、一个追。在追逐跑动过程中被追的学生可以跳上蹦床，贴至蹦床上的学生的前面，后面的学生随即跑出，追的学生则继续追从蹦床上下来的那名学生，追到后两人交换角色。规定时间结束游戏，游戏过程中被追上的学生一起唱首歌。

游戏图解：

扫码观看视频

88. 漏斗倒计时

适合对象： 9～12岁的学生。

游戏价值： 提高学生的蹦床技术，发展学生的灵敏性，培养学生积极向上的精神。

相关练习： 开合跳、叉腰跳。

器材准备： 蹦床8张，沙包数个。

注意事项： 场地平整，周边无其他障碍物；游戏前进行充分的热身；游戏过程中不要乱扔沙包。

游戏组织： 8张蹦床摆成两排，相邻蹦床间隔1米。

游戏做法： 每张蹦床上放多个沙包。30秒倒计时开始后，蹦床上的学生向上不停地跳跃，通过蹦床的反弹作用使沙包掉落到地上。规定时间结束游戏，掉落沙包个数多的学生获胜，输的学生将留下收拾器材。

游戏图解：

拓展提示

在蹦床上跳跃时不允许踩到沙包，若踩到沙包将减少一定的时间；设置不同的跳跃动作使沙包掉落下来。

扫码观看视频

89. 成双结对

适合对象：9~12 岁的学生。

游戏价值：提高学生的蹦床技术，发展学生的灵敏性，培养学生团队协作的精神。

相关练习：双人同步跳、立定跳远。

器材准备：蹦床 8 张。

注意事项：场地平整，周边无其他障碍物；游戏前进行充分的热身；游戏过程中两人牵手跳时保持合适的距离，两人动作要同步。

游戏组织：8 张蹦床摆成两列，每列 4 张，两列蹦床并排紧贴摆放，每列 4 张蹦床间隔1 米；学生两人一组进行游戏。

游戏做法：两人一边同时通过前面摆放的蹦床，一边做跑、跳、转圈等动作，两人在向前行进过程中要保持动作同步，直至终点，用时最短的组获胜。

游戏图解：（因本书所用小动物形象固定，所以此游戏图解中无法绘制出牵手动作）

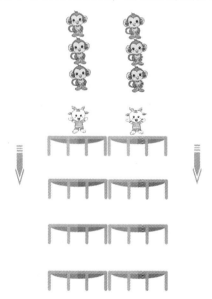

　　游戏做法不变，可自由调节蹦床之间的距离，挑战两人配合的默契程度。

扫码观看视频

第八部分　支撑类

90. 爬行竞走

适合对象：9 ~ 12 岁的学生。

游戏价值：发展学生的上肢力量、灵敏性和协调性，培养学生遵守规则的意识和团队协作的精神。

相关练习：四足爬行、跪爬。

器材准备：蹦床 8 张。

注意事项：场地平整，周边无其他障碍物；游戏前进行充分的热身；爬行过程中注意手脚的配合。

游戏组织：8 张蹦床摆成两排，每排 4 张，相邻蹦床间隔 1 米；学生分两组进行游戏。

游戏做法：当听到教师发出"计时开始"口令后，其中一端的学生四肢着地爬行（或变换其他爬行动作），将蹦床当作障碍物走 S 形路线绕过它，爬行至另一端后与排头的学生击掌，被击掌的学生开始以同样方式爬行，如此反复，直至组员全部爬行一次。用时短的组获胜，输的组跟随音乐展示 30 秒的舞蹈。

游戏图解：

拓展提示

增加爬行动作的难度。

扫码观看视频

103

91. 小火车过山洞

适合对象： 9～12岁的学生。

游戏价值： 发展学生的上肢力量和协调性，培养学生积极进取、坚持到底的精神。

相关练习： 直臂支撑、蹦床上跪爬。

器材准备： 蹦床8张，呼啦圈8个。

注意事项： 场地平整，周边无其他障碍物；游戏前进行充分的热身；游戏过程中不要在蹦床上肆意跑动。

游戏组织： 8张蹦床摆成两排，每排4张，相邻蹦床间隔1.5米；学生分两组进行游戏。

游戏做法： 每组中的4名学生分别跪蹲于蹦床侧，手握紧呼啦圈并将其立于蹦床中间，其余的学生在起点处排队。当听到教师发出"开始"口令后，排头的学生快速有序地从起始位置爬上蹦床并从呼啦圈中钻过去。一组有4名学生爬行至终点后迅速与手握呼啦圈的同学交换位置，重复以上动作，当所有学生都爬行一次并到达终点时停止计时，用时短的组获胜。

游戏图解：

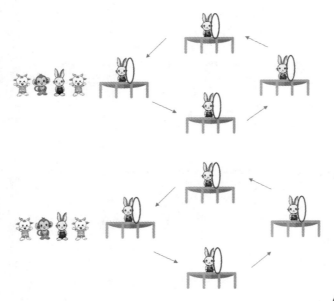

拓展提示

将呼啦圈换为学生在蹦床上呈俯撑的姿势。

扫码观看视频

92. 闪电侠

适合对象： 9～12岁的学生。

游戏价值： 发展学生的上、下肢力量、灵敏性和平衡能力，培养学生尊重对手的精神。

相关练习： 蹦床上行走与跳跃。

器材准备： 蹦床4张，沙包数个。

注意事项： 场地平整，周边无其他障碍物；游戏前进行充分的热身；游戏过程中蹦床上的学生在跳跃中要控制好身体平衡；投掷沙包时要注意力度。

游戏组织： 4张蹦床成方形摆放，相邻蹦床间隔5～8米。

游戏做法： 4名学生分别站在4张蹦床上，每张蹦床放多个沙包，其余的人坐在中间地面上。当听到教师发出"开始"口令后，蹦床上的学生开始跳跃并向中间的学生投掷沙包，中间的学生以仰卧手足走的方式移动躲避沙包，被沙包碰到的学生将被淘汰。游戏时长2分钟，时间到后还留在场上的学生获胜，获胜的学生可获得"闪电侠"称号。

游戏图解：

拓展提示

　　根据学生的能力规定蹦床上的学生的跳跃姿势，如分腿跳、团身跳等。蹦床下的学生可以采用仰卧手支撑姿势移动，也可以采用其他姿势移动。

扫码观看视频

93. 标准的时钟

适合对象： 9～12岁的学生。

游戏价值： 发展学生的上肢力量及核心力量，培养学生的规则意识。

相关练习： 平板支撑、直臂支撑移动。

器材准备： 蹦床8张。

注意事项： 场地平整，周边无其他障碍物；游戏前进行充分的热身；支撑移动时手臂要保持正确的支撑姿势。

游戏组织： 8张蹦床摆成两排，每排4张，相邻蹦床间隔2米；学生两人一组进行游戏。

游戏做法： 同组中，一名学生双手支撑在地面上，双脚放在蹦床上，模仿时钟，另一名学生站在蹦床前观察蹦床上的学生。当教师随机喊出几点钟时，模拟时钟的学生以直臂支撑姿势进行移动，当移动到正确位置后，蹦床前的学生举手，教师喊出5次后两名学生交换位置，累计举手次数多的组获胜，输的组唱《快乐歌》。

游戏图解：

扫码观看视频

94. 你抓不到我

适合对象：9～12岁的学生。

游戏价值：发展学生的上肢力量及核心素质，培养学生积极进取的精神和正确的胜负观。

相关练习：仰卧支撑、仰卧起坐。

器材准备：蹦床8张。

注意事项：场地平整，周边无其他障碍物；游戏前进行充分的热身；支撑移动时手臂要保持正确的支撑姿势。

游戏组织：8张蹦床在规定范围内任意摆放，相邻蹦床间隔1.5米。

游戏做法：一名学生为追捕者，要去抓其他学生，其他学生采用仰卧手足走的方式进行移动来躲避追捕者，8张蹦床是安全屋，被追捕者上蹦床后则不能被抓捕，但不能两人同在一张蹦床上，并且在蹦床上的时间不能超过10秒，违规者将自动变成追捕者，游戏时长5分钟。游戏过程中，未上蹦床且未被抓捕的学生获胜。

游戏图解：

拓展提示

　　游戏做法不变，增加游戏难度，根据学生的能力规定上蹦床后完成相应数量的难度动作，如跪弹、团身跳、分腿跳等。

扫码观看视频

95. 追捕小汽车

适合对象： 9～12岁的学生。

游戏价值： 发展学生的上肢力量及核心素质，培养学生的责任意识和团队精神。

相关练习： 直臂支撑移动、俯卧撑。

器材准备： 蹦床8张。

注意事项： 场地平整，周边无其他障碍物；游戏前进行充分的热身；游戏过程中每组两人要配合好；游戏时注意安全，不能用手或身体相互推挤。

游戏组织： 8张蹦床在规定范围内任意摆放，相邻蹦床间隔1米；学生两人一组进行游戏。

游戏做法： 一组为追捕者，两人手牵手以"鸭子步"的方式进行追捕，其余组则是被追捕者。被追捕者必须以"小推车"的方式进行移动躲避追捕者，8张蹦床是安全屋，被追捕者上蹦床后则不能被抓捕，但是在蹦床上的时间不能超过10秒，下蹦床后两人要交换位置，违规的一组将自动变成追捕者，游戏时长5分钟。游戏过程中，未上蹦床且未被抓捕的学生获胜。

游戏图解：

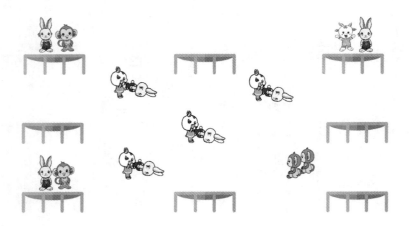

拓展提示

　　游戏做法不变，增加游戏难度，根据学生的能力规定上蹦床后完成相应数量的难度动作，如跪弹、团身跳、分腿跳等。

扫码观看视频

96.安全屋

适合对象： 9～12 岁的学生。

游戏价值： 提高学生在蹦床上的叉腰跳技术，发展学生的上肢力量及核心素质，培养学生诚信自律的品质和遵守规则的意识。

相关练习： 蹦床上行走与跳跃、叉腰跳。

器材准备： 蹦床 8 张。

注意事项： 场地平整，周边无其他障碍物；游戏前进行充分的热身；跑动时避免撞到一起，以防摔倒；游戏过程中不可两人同在一张蹦床上跳跃。

游戏组织： 8 张蹦床成方形或圆形摆放，相邻蹦床间隔 1 米。

游戏做法： 一名学生为追捕者，去抓其他学生，其他的学生采用仰卧手足走的方式进行移动躲避追捕者，8 张蹦床是安全屋，被追捕者上蹦床后视为安全，不能被抓捕，但在蹦床上的学生要持续做叉腰跳，并且在蹦床上的时间不能超过 15 秒，追捕过程中被抓到的学生则替代原本的追捕者去抓人。被抓捕的学生以及累计上蹦床 5 次的学生为失败，未到 5 次则为成功。

游戏图解：

拓展提示

　　游戏做法不变，增加游戏难度，根据学生的能力规定上蹦床后完成相应数量的难度动作，如跪弹、团身跳、分腿跳等。

扫码观看视频

高级组游戏 54 例

第一部分　蹦床运动游戏

97. 你扔我跳沙包赛

适合对象: 12 岁以上的学生。

游戏价值: 提高学生的分腿跳技术,发展学生的灵敏性和耐力,培养学生积极进取、勇敢顽强的精神以及正确的胜负观。

相关练习: 立臂跳、分腿跳。

器材准备: 蹦床 12 张,沙包数个。

注意事项: 场地平整,周边无其他障碍物;游戏前进行充分的热身;坐在地面上的学生注意扔沙包的时机;游戏过程中不要故意向学生脸部扔沙包。

游戏组织: 12 张蹦床摆成两排,每排 6 张,相邻蹦床间隔 1 米;学生 3 人一组进行游戏。

游戏做法: 每组中一名学生站在蹦床上,其余两名学生分别坐在距离蹦床前后 0.5 米的位置上。游戏开始后,蹦床上的学生跟着音乐做分腿跳,当蹦床上的学生跳至空中时,坐在蹦床前面的学生开始向坐在蹦床后面的学生扔沙包,后面的学生接沙包,接住一次得 1 分,后面的学生用同样的方式再把沙包传递给前面的学生。若传递失败,则由蹦床上的学生捡起沙包给刚刚扔沙包的学生,游戏继续,每组时长 3 分钟,1 分钟轮换一次,3 分钟结束后得分最高的组获胜。

游戏图解:

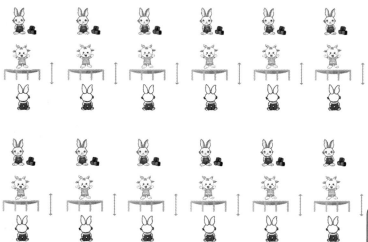

拓展提示

教师根据学生能力设置在蹦床上的跳跃动作。

扫码观看视频

98. 跪弹扶棍积分赛

适合对象： 12岁以上的学生。

游戏价值： 提高学生的跪弹技术，发展学生的协调性和灵敏性，培养学生勇敢顽强、团队协作的精神以及正确的胜负观。

相关练习： 跪弹、蹦床上行走与跳跃。

器材准备： 蹦床12张，体操棒1根。

注意事项： 场地平整，周边无其他障碍物；游戏前进行充分的热身；游戏过程中注意安全，不要将体操棒乱扔乱甩。

游戏组织： 12张蹦床成圆形摆放，相邻蹦床间隔2米；学生分组进行游戏。

游戏做法： 每组选一名学生站在蹦床内圈的中心点并手扶体操棒。游戏开始后，中心点的学生首先说出一个数字（1~5内任意一个数字），蹦床上的学生要按指令完成相应次数的跪弹；随后中心点的学生再随机喊出一名学生的名字并松开体操棒，被喊到名字的学生在体操棒没倒地之前迅速跑到中心点扶好体操棒。如体操棒倒地则扣1分，不倒地则加1分，5次后换下一组学生进行游戏。积分最高的组获胜。

游戏图解：

拓展提示

　　扩大游戏内圈的范围，同时将蹦床上学生的跪弹动作改成团身跳、屈体跳或分腿跳等。

扫码观看视频

99.团身躲避赛

适合对象： 12岁以上的学生。

游戏价值： 提高学生的团身跳技术，发展学生的协调性和力量，培养学生积极进取的精神、诚信自律的品质以及正确的胜负观。

相关练习： 屈体跳、团身跳。

器材准备： 蹦床12张，体操棒1个。

注意事项： 场地平整，周边无其他障碍物；游戏前进行充分的热身；游戏过程中在蹦床上的学生要及时跳跃躲避体操棒，以防被击中。

游戏组织： 12张蹦床成圆形摆放，相邻蹦床间隔1米；学生分组进行游戏。

游戏做法： 每组选一名学生手拿体操棒，12名学生分别站立在每张蹦床上。游戏开始后，手拿体操棒的学生在蹦床的内圈慢跑经过每一张蹦床，同时手持体操棒依次在12张蹦床的网面扫过，而站在蹦床上的学生要用团身跳的方式躲避体操棒，如全组学生均未被体操棒击中加12分，被体操棒击中1次则扣1分，依次累积，每组完成5圈。最后得分高的组获胜。

游戏图解：

拓展提示

将团身跳改为分腿跳、屈体跳，或增加一名手拿体操棒的学生，加快学生跳跃的频率和速度。

扫码观看视频

100. 逢七分腿跳

适合对象： 12岁以上的学生。

游戏价值： 提高学生在蹦床上叉腰跳以及分腿跳的动作熟练度，发展学生的协调性和灵敏性，培养学生尊重对手、公平竞争的精神以及正确的胜负观。

相关练习： 叉腰跳、分腿跳。

器材准备： 蹦床12张。

注意事项： 场地平整，周边无其他障碍物；游戏前进行充分的热身；跳跃时控制好身体的平衡。

游戏组织： 12张蹦床成圆形或方形摆放，相邻蹦床间隔1米；学生分两组进行游戏。

游戏做法： 游戏开始后，蹦床上的学生依次进行叉腰跳报数，当轮到数字为"7"或者"7"的倍数时，则不报数只做一个分腿跳的动作，完成3圈报数后换另一组学生进行游戏。违规一次扣1分，扣分少的组获胜。

游戏图解：

拓展提示

将分腿跳改为其他难度动作。

扫码观看视频

101. 团身跳比拼赛

适合对象： 12 岁以上的学生。

游戏价值： 提高学生连续团身跳的能力，发展学生的灵敏性和耐力，培养学生积极进取、勇敢顽强的精神以及正确的胜负观。

相关练习： 团身跳、燕式平衡。

器材准备： 蹦床 12 张，A4 纸 12 张。

注意事项： 场地平整，周边无其他障碍物；游戏前进行充分的热身；游戏过程中不要在蹦床上肆意跑动。

游戏组织： 12 张蹦床摆成两排，每排 6 张，相邻蹦床间隔 1 米；学生两人一组进行游戏。

游戏做法： 每张蹦床上下各站一名学生，蹦床上的学生将 A4 纸夹于两膝之间，教师规定团身跳的时间。游戏开始后，蹦床上的学生在规定时间内进行团身跳，蹦床下的学生进行计数，纸张掉落或动作不标准则不计数，计时结束后两人交换。最后完成夹纸团身跳个数最多的组获胜，在输的组中选一名成员做金鸡独立。

游戏图解：

扫码观看视频

102. 蹦床技能跳跃赛

适合对象： 12岁以上的学生。

游戏价值： 提高学生在蹦床上的屈体跳、分腿跳、转体跳技术，发展学生的灵敏性、协调性和快速反应能力，培养学生的节奏感，树立学生的安全意识和规则意识。

相关练习： 屈体跳、分腿跳、转体跳。

器材准备： 蹦床8张，音响1个，标志牌3个。

注意事项： 场地平整，周边无其他障碍物；游戏前进行充分的热身；游戏过程中跳跃时保持身体平衡；游戏过程中不要在蹦床上肆意跑动。

游戏组织： 8张蹦床摆成两排，每排4张，相邻蹦床间隔1.5米。

游戏做法： 播放音乐，学生在蹦床上随着音乐的节奏向上跳跃，同时根据教师展示的标志牌的颜色完成相应动作。当教师亮出红色标志牌时，学生做屈体跳；当教师亮出绿色标志牌时，学生做分腿跳；当教师亮出黄色标志牌时，学生做转体跳。做错或者反应慢的学生快速在蹦床上完成5个团身跳后，继续游戏。

游戏图解：

扫码观看视频

拓展提示

　　增加游戏难度，相应动作改为组合动作，如屈体跳加分腿跳、转体跳加跪弹、坐弹加团身跳。

103. 听指令跳跃

适合对象： 12 岁以上的学生。

游戏价值： 提高学生在蹦床上的各种基本动作技术，发展学生的快速反应能力，培养学生的节奏感，激发学生坚持不懈的精神。

相关练习： 团身跳、屈体跳、分腿跳。

器材准备： 蹦床 12 张，音响 1 个。

注意事项： 场地平整，周边无其他障碍物；游戏前进行充分的热身；游戏过程中跳跃时保持身体平衡；游戏过程中不要在蹦床上肆意跑动。

游戏组织： 12 张蹦床成圆形摆放，相邻蹦床紧贴摆放。

游戏做法： 12 名学生分别站在每张蹦床上。教师播放音乐，蹦床上的学生根据音乐的节奏连续地向前一张蹦床跳跃。当教师喊"1"时，学生快速地在当前蹦床上完成 1 个屈体跳；当教师喊"2"时，学生快速地在当前蹦床上完成 2 个分腿跳；当教师喊"3"时，学生快速地在当前蹦床上完成 3 个团身跳；当教师喊"0"时，学生自由选择跳跃动作并完成。做错动作或者反应慢的学生须在蹦床上展示一个有难度的动作方可继续游戏。

游戏图解：

拓展提示

增加游戏难度，学生根据教师的指令做组合动作，如屈体跳加分腿跳、转体跳加跪弹、坐弹加团身跳。

扫码观看视频

104. 蹦床套圈

适合对象： 12岁以上的学生。

游戏价值： 提高学生的立臂跳技术，发展学生的灵敏性、协调性和快速反应能力，培养学生团队协作的精神。

相关练习： 立臂跳。

器材准备： 蹦床8张，敏捷圈24个。

注意事项： 场地平整，周边无其他障碍物；游戏前进行充分的热身；游戏过程中套圈时不要影响到其他学生。

游戏组织： 8张蹦床摆成两排，每排4张，相邻蹦床间隔1米；学生两人一组进行游戏。

游戏做法： 每组学生面对面站立，一人在蹦床上，另一人在蹦床下，间隔1米，蹦床下的学生拿3个敏捷圈。游戏开始后，蹦床下的学生将敏捷圈投向蹦床上的学生，蹦床上的学生须在完成立臂跳的同时接住敏捷圈。3个敏捷圈全被接住后，两人轮换。轮换后，最先完成接住3个敏捷圈的组获胜。用时最短的组可以指定用时最长的组完成3个团身跳。

游戏图解：

扫码观看视频

105. 胯下套圈赛

适合对象： 12岁以上的学生。

游戏价值： 提高学生的团身跳、屈体跳技术，发展学生的灵敏性和协调性，培养学生顽强勇敢的精神。

相关练习： 团身跳、屈体跳。

器材准备： 蹦床8张，标志桶8个，敏捷圈80个。

注意事项： 场地平整，周边无其他障碍物；游戏前进行充分的热身；游戏过程中扔敏捷圈时不要影响到蹦床上跳跃的学生；游戏过程中跳跃时保持身体平衡。

游戏组织： 8张蹦床摆成两排，每排4张，相邻蹦床间隔1.5米，在每张蹦床前2米处，摆放1个标志桶；学生两人一组进行游戏。

游戏做法： 每组两人，一人在蹦床上，另一人在蹦床后，蹦床后的学生拿10个敏捷圈。蹦床上的学生在蹦床上完成团身跳、屈体跳，在跳跃的同时，蹦床后的学生利用蹦床上的学生跳跃腾空的间隙向标志桶投出敏捷圈。套住标志桶多的组获胜。获胜的组可以指定任意一组完成一个有难度的蹦床动作。

游戏图解：

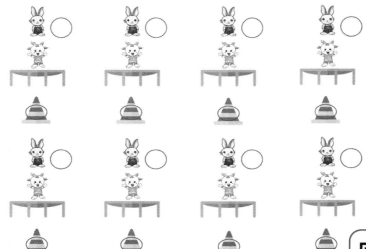

拓展提示

根据学生的水平，调整技术动作的难易，如改为分腿跳、屈膝跳等；还可以加大学生套圈距离，增加游戏难度。

扫码观看视频

121

106. 快速触绳

适合对象： 12岁以上的学生。

游戏价值： 提高学生的屈体跳、分腿跳技术，发展学生的灵敏性、协调性和耐力素质，培养学生不怕困难、坚持到底的精神以及正确的胜负观。

相关练习： 屈体跳、分腿跳。

器材准备： 蹦床12张，细长绳2根。

注意事项： 场地平整，周边无其他障碍物；将绳子调至学生能力范围内的高度；游戏前进行充分的热身；游戏过程中不要肆意挥动绳子。

游戏组织： 12张蹦床摆成两排，相邻蹦床间隔1米；学生两人一组进行游戏。

游戏做法： 每排蹦床前上由两名学生拉一根合适高度的绳子。学生两人一组，一人在蹦床上跳跃，另一人在蹦床下记录蹦床上的学生在1分钟内完成屈体跳和分腿跳时膝盖以下的部位触到绳子的次数，1分钟后两人互换位置。两人合计触到绳子次数最多的组为获胜组，获胜组可以指定其他组的任何人在蹦床上完成一个有难度的动作。

游戏图解：

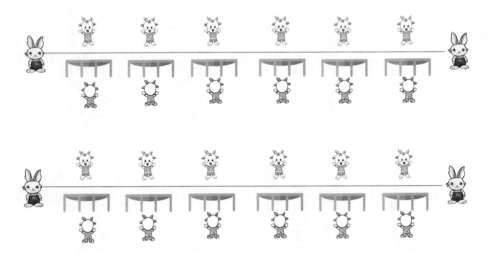

扫码观看视频

107. 蹦床投掷比拼赛

适合对象： 12岁以上的学生。

游戏价值： 提高学生的屈体跳技术，发展学生的协调性和力量，培养学生积极进取的精神和正确的胜负观。

相关练习： 屈体跳。

器材准备： 蹦床12张，沙包数个，小盒子12个。

注意事项： 场地平整，周边无其他障碍物；游戏前进行充分的热身。

游戏组织： 12张蹦床摆成一排，相邻蹦床间隔1米。

游戏做法： 在每张蹦床前面放1个小盒子，每张蹦床上和蹦床旁各站一名学生，由蹦床旁的学生递1个沙包给蹦床上的学生，蹦床上的学生用双脚夹住沙包后抛向盒子，之后如此重复，在1分钟内投进盒子里沙包数量最多者获胜。

游戏图解：

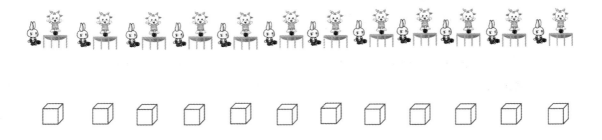

拓展提示

调整盒子到蹦床的距离或调整盒子的高度进行游戏。

扫码观看视频

108. 蹦床大比拼

适合对象： 12岁以上的学生。

游戏价值： 提高学生的蹦床技术，发展学生的协调性和灵敏性，培养学生尊重对手、公平竞争的精神以及正确的胜负观。

相关练习： 蹦床上行走与跳跃。

器材准备： 蹦床8张。

注意事项： 场地平整，周边无其他障碍物；游戏前进行充分的热身；游戏过程中不要在蹦床上肆意跑动。

游戏组织： 8张蹦床成圆形摆放，相邻蹦床间隔1米。

游戏做法： 每张蹦床上站一名学生，8张蹦床代表8个蹦床基本动作（立臂跳、叉腰跳、带臂跳、团身跳、屈体跳、分腿跳、跪弹、坐弹）。蹦床上的学生以蹦床基本动作为名字。首先由指定的一名学生做动作，比如，指定的一名学生名为"带臂跳"，则该学生一边做带臂跳，一边说自己的口令："带臂跳，带臂跳，带臂跳完立臂跳"，接着叫"立臂跳"的学生也是一边做立臂跳一边说出自己的口令并指定下一个动作，说口令慢或者反应慢以及动作错误的学生将接受5个深蹲惩罚，之后再继续游戏，3轮后换组进行游戏。

游戏图解：

拓展提示

一轮后立马更换每名学生的动作代号，以增强学生的反应能力。

扫码观看视频

109. 网上追逐赛

适合对象： 12 岁以上的学生。

游戏价值： 提高学生在蹦床上行走与跑动的能力，发展学生的耐力、速度素质，培养学生坚持到底的精神。

相关练习： 蹦床上行走与跑动。

器材准备： 蹦床 12 张。

注意事项： 场地平整，周边无其他障碍物；游戏前进行充分的热身；游戏追逐过程中注意保持身体的平衡。

游戏组织： 12 张蹦床成圆形摆放，蹦床之间无间隔；学生分两组进行游戏。

游戏做法： 各组先选派 3 人上场交错站在蹦床上，每两人间隔一张空蹦床。游戏开始后，进行逆时针追逐，被对手抓到则下场换同队其他学生进行补位，直至其中一组学生全部上过场且被抓获，则另一组获胜。获胜组可指定输的组中的一名成员唱首歌。

游戏图解：

拓展提示

追逐动作可改为并脚跳或单脚跳。

扫码观看视频

第二部分 "蹦床+"运动游戏

110. 听数抢球赛

适合对象: 12岁以上的学生。

游戏价值: 巩固学生的抛球动作,发展学生的灵敏性和速度素质,培养学生不怕困难、团队协作的精神。

相关练习: 抛球练习、蹦床上行走与跳跃。

器材准备: 蹦床12张,排球2个。

注意事项: 场地平整,周边无其他障碍物;游戏前进行充分的热身;游戏过程中不要在蹦床上肆意跑动。

游戏组织: 12张蹦床分两组,各摆放成圆形,每个圆形中相邻蹦床间隔1米;学生分两组进行游戏。

游戏做法: 每名学生都有一个数字代号,如1、2、3、4、5、6其中的一个数字。每组指定一名学生站在中间,其余学生站在蹦床上。游戏开始后,站在蹦床上的学生并脚跳,站在中间的学生将排球抛起,同时喊出一名学生的代号,抛球学生迅速上蹦床完成跳跃任务,被喊到代号的学生立刻停止跳跃,下蹦床接球,接住球后再将球向上抛起的同时喊另一名学生的代号,球不能落地,没有接到球的学生将淘汰出局,最后3名学生获得游戏胜利。

游戏图解:

拓展提示

　　调整蹦床摆放的间隔,增加学生跑动的距离;变化不同的球进行抛球,以提高学生对不同球的球感。

扫码观看视频

111. 投篮比赛

适合对象：12岁以上的学生。

游戏价值：提高学生的投篮技术，发展学生的协调性和灵敏性，培养学生不怕困难、积极进取的精神。

相关练习：双手胸前投篮、持球跳跃。

器材准备：蹦床12张，篮球2个，篮筐2个。

注意事项：场地平整，周边无其他障碍物；篮筐调整到合适的高度；游戏前进行充分的热身；游戏过程中拿球跳跃时保持身体的平衡。

游戏组织：12张蹦床摆成两列，每列6张蹦床紧贴摆放，每列最后一张蹦床后适当距离处放置1个篮筐；学生分两组进行游戏。

游戏做法：每组学生成一路纵队站到第一张蹦床前面。游戏开始后，每组第一名学生持球于头上方，立臂跳依次经过6张蹦床，最后在篮筐下进行投篮（每人一次机会），投篮后拿球从左侧跑步返回，将球传递给下一名学生，以此类推，最后看哪组投篮进筐的次数多。投篮进筐次数少的组收拾场地和器材。

游戏图解：

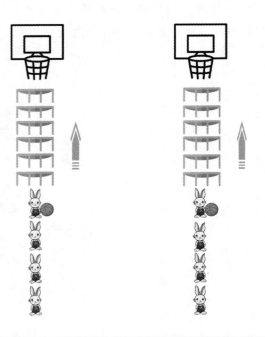

拓展提示

　　完成投篮返回时，采用篮球胸前传接球动作将球传给下一名学生；或采用单手低手运球动作返回起点，与下一名学生接力。

扫码观看视频

112. 绕障碍接力赛

适合对象：12岁以上的学生。

游戏价值：提高学生的运球能力，发展学生的跳跃能力和协调性，培养学生的规则意识与团队精神。

相关练习：蹦床上行走与跳跃。

器材准备：蹦床12张，足球2个，标志桶4个，跳绳2根。

注意事项：场地平整，周边无其他障碍物；游戏前进行充分的热身；在蹦床上跳绳时控制好身体的平衡。

游戏组织：12张蹦床摆成两排，每排6张，两排蹦床间隔一定距离，每排6张蹦床紧贴摆放；学生分两组进行游戏。

游戏做法：在每排蹦床旁边摆放两个标志桶，标志桶间距为3米，两组学生成两队分别排在每排蹦床的第一张蹦床后。游戏开始后，每组第一名学生以跳绳的方式依次通过各蹦床，之后跳下蹦床用脚内侧运球绕过两个标志桶返回到起点，将跳绳递给下一名学生。依此类推完成接力，用时短的组获胜，输的组收拾场地和器材。

游戏图解：

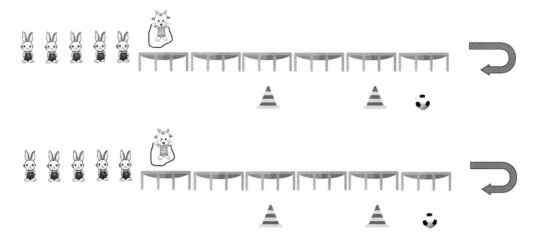

扫码观看视频

129

113. 篮球打板接力

适合对象： 12岁以上的学生。

游戏价值： 提高学生的篮球打板技术，发展学生的弹跳力和协调性，培养学生奋勇向前、团队协作的精神。

相关练习： 蹦床上行走与跳跃。

器材准备： 蹦床6张，篮球架2个，篮球2个。

注意事项： 场地平整，周边无其他障碍物，篮球架调整到合适的高度；游戏前进行充分的热身；游戏过程中不要将篮球乱扔乱投。

游戏组织： 6张蹦床摆成两排，每排3张，两排蹦床间隔2米，每排3张蹦床紧贴摆放，每排蹦床后面放置1个篮球架；学生分两组进行游戏。

游戏做法： 每组学生排成一队，分别在一排蹦床前做准备，每队前3名学生依次站在3张蹦床上，第一名学生手持篮球。当听到"开始"口令后，第一名学生借助蹦床跳起将篮球打板（教师标出的指定区域），篮球反弹给后面一名学生，后面一名学生在球落地之前接住球并打板，第一名学生打板后下蹦床跑到队尾，第4名学生上蹦床。依此类推，在相同时间内打板次数多的组获胜，输的组收拾场地和器材。

游戏图解：

扫码观看视频

拓展提示

调整篮球打板的位置，调整蹦床的间距，加大跑动的距离。

114. 蹦床猜拳赛

适合对象： 12岁以上的学生。

游戏价值： 提高学生的团身跳和叉腰跳技术，发展学生的灵敏性和协调性，培养学生积极进取、团队协作的精神。

相关练习： 蹦床上行走与跳跃。

器材准备： 蹦床12张，音响1个。

注意事项： 场地平整，周边无其他障碍物；游戏前进行充分的热身，游戏过程中不要在蹦床上肆意跑动。

游戏组织： 12张蹦床摆成两排，每排6张，每排相邻蹦床间隔1米；学生两人一组进行游戏。

游戏做法： 游戏开始后，音乐一响，学生在蹦床上完成团身跳动作；音乐一停，一组内两名学生马上完成规定的手部动作比拼。输了或忘记动作的学生完成10次蹦床叉腰跳。

游戏图解：

拓展提示

设置在蹦床上完成动作数量或完成不同动作组合。

扫码观看视频

131

115. 分腿跳、并腿跳耐力赛

适合对象： 12岁以上的学生。

游戏价值： 提高学生的分腿跳和并腿跳技术，发展学生的协调性、灵敏性和耐力，培养学生尊重对手、公平竞争的精神以及正确的胜负观。

相关练习： 分腿跳、并腿跳。

器材准备： 蹦床12张。

注意事项： 场地平整，周边无其他障碍物；游戏前进行充分的热身。

游戏组织： 12张蹦床摆成两排，每排6张，相邻蹦床间隔1米。

游戏做法： 每张蹦床上站一名学生，每张蹦床前站一名学生当裁判员，蹦床上的学生做分腿跳变屈体跳动作（1个分腿跳变1个屈体跳为一组）。由裁判员记录动作组数，在1分钟内，动作组数前三名的为胜者。

游戏图解：

拓展提示

加强动作难度，设置不同动作，进行耐力比拼。

扫码观看视频

116. 分腿跳挑战赛

适合对象： 12 岁以上的学生。

游戏价值： 提高学生的分腿跳技术，发展学生的耐力和下肢爆发力，培养学生顽强的意志和勇于挑战的精神。

相关练习： 跳绳、分腿跳。

器材准备： 蹦床 12 张，跳绳 12 条。

注意事项： 场地平整，周边无其他障碍物；游戏前进行充分的热身；跳绳的学生与蹦床上的学生保持合适的距离。

游戏组织： 12 张蹦床摆成两排，每排 6 张，相邻蹦床间隔 1 米；学生分两组进行游戏。

游戏做法： 第一组的每对学生一人持绳站在蹦床的前方，另一人站在蹦床上，另一组学生对其进行计数和计时。当听到教师发出"开始"口令后，第一组在蹦床前方的学生完成 100 次跳绳后，在蹦床上的学生再完成 10 次分腿跳动作，第一组完成后换第二组进行挑战，用时最短的一对为胜方，从蹦床掉下一次加 5 秒时间、断绳一次加 3 秒时间，用时最长的一对唱一首歌。

游戏图解：

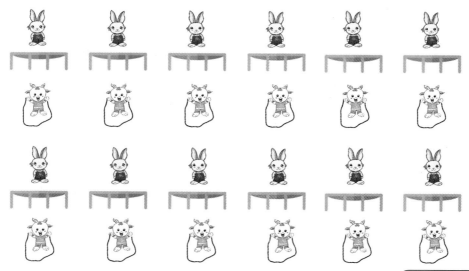

拓展提示

增加跳绳和分腿跳的次数，更换动作（蹦床下跳绳的动作如双摇跳绳、开合跳绳等，蹦床上跳跃的动作如立臂跳、带臂跳、团身跳、跪弹等）。

扫码观看视频

117.来回穿梭

适合对象：12岁以上的学生。

游戏价值：提高学生的叉腰跳技术，发展学生的协调性和反应能力，培养学生的团队精神。

相关练习：叉腰跳、蹦床上行走与跳跃。

器材准备：蹦床12张，跳绳2根，标志桶2个。

注意事项：场地平整，周边无其他障碍物；游戏前进行充分的热身；蹦床上的学生注意跳跃的时机。

游戏组织：12张蹦床摆成两排，每排6张，两排蹦床间隔3米，每排6张蹦床紧贴摆放；每排第一张蹦床前10米处摆放1个标志桶，两排的两个标志桶对齐，在两个标志桶右侧地面上各放置一根跳绳；学生分两组进行游戏。

游戏做法：游戏开始前，每组前两名学生站在第一张蹦床两侧地面上，其余学生在蹦床上依次站好。游戏开始后，每组前两名学生向各组标志桶加速跑去拿跳绳，然后将跳绳呈拉网状态折回。当靠近本组蹦床时，两名学生将跳绳拉直贴近蹦床网面从第一张蹦床拉至最后一张蹦床。当跳绳靠近蹦床上时，蹦床上的学生要迅速向上跳起，以躲避向后移动的跳绳。直至蹦床上的学生全部依次完成，两名持绳的学生迅速转向，同时将跳绳举至胸部位置向标志桶方向返回，蹦床上的学生依次蹲下躲避跳绳，两名学生将跳绳放回至最开始摆放位置，然后加速跑回与第一、二张蹦床上的学生击掌，第一、二张蹦床上的名学生按照同样方法完成任务，其余学生依次向前移动进行游戏。所有学生率先完成任务的组为胜，输的组为赢的组点赞。

游戏图解：

拓展提示

更换蹦床上的跳跃动作，如团身跳、压臂跳等。

118. 立臂跳过障碍挑战赛

适合对象： 12 岁以上的学生。

游戏价值： 提高学生在蹦床上的立臂跳技术，发展学生的反应能力和下肢力量，培养学生的规则意识与团队精神。

相关练习： 立臂跳、蹦床上行走与跳跃。

器材准备： 蹦床 12 张，长棍 1 根。

注意事项： 场地平整，周边无其他障碍物；游戏前进行充分热身；选择合适的长棍。

游戏组织： 11 张蹦床成圆形摆放，1 张蹦床在圆形中心点，周围的蹦床紧贴，与中心蹦床距离短于长棍；学生分组进行游戏。

游戏做法： 站在圆形中心蹦床上的学生手持长棍，其余 11 名学生分别站在周围蹦床上。当听到教师发出"开始"口令后，站在圆形中心蹦床上的学生将长棍做平行于地面的画圆动作，站在周围蹦床上的 11 名学生利用立臂跳快速躲避长棍。在游戏过程中被长棍碰触的学生快速完成 3 个兔子跳，并且与持长棍的学生互换位置和角色，然后游戏继续进行。

游戏图解：

<hr>

拓展提示

　　中间持棍者改变长棍移动的高度，周边学生利用下蹲或带臂跳躲避长棍。

扫码观看视频

119. 跑跳接力赛

适合对象： 12岁以上的学生。

游戏价值： 巩固学生在蹦床上的带臂跳动作，发展学生的反应速度和下肢力量，培养学生的规则意识和团队精神。

相关练习： 跳绳跑、蹦床上行走与跳跃。

器材准备： 蹦床3张，跳绳3根。

注意事项： 场地平整，周边无其他障碍物，选择范围较大的场地进行游戏；游戏前进行充分的热身；游戏过程中避免因为追求速度而摔倒。

游戏组织： 3张蹦床摆成一列，相邻蹦床间隔2米；学生分3组进行游戏。

游戏做法： 3组学生分别排成一排站在距离蹦床8米处，第一名学生手持跳绳。当听到教师发出"开始"口令后，第一名学生跳绳跑向蹦床，到达蹦床后将跳绳放置于蹦床右侧，上蹦床完成10次指定动作，下蹦床后捡起跳绳返回与下一名学生击掌进行接力，后面地学生依次完成，最快完成任务的组获胜，输的组为获胜的组表演一个节目。

游戏图解：

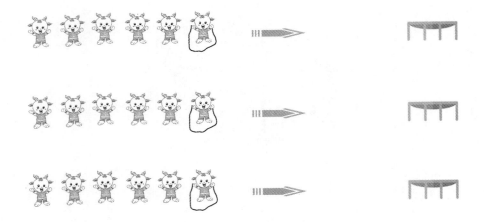

拓展提示

更换蹦床上的跳跃动作，如团身跳、坐弹、跪弹等。

扫码观看视频

120.蹦床跳绳接力赛

适合对象： 12 岁以上的学生。

游戏价值： 巩固学生在蹦床上的叉腰跳动作，发展学生的速度和协调性，培养学生奋勇向前、团队协作的精神。

相关练习： 蹦床上跳绳练习。

器材准备： 蹦床 12 张，跳绳 2 根。

注意事项： 场地平整，周边无其他障碍物；游戏前进行充分的热身；注意跳绳时绳子与身体的协调配合。

游戏组织： 12 张蹦床摆成两排，每排 6 张，两排蹦床间隔一定距离，每排 6 张蹦床紧贴摆放；学生分两组进行游戏。

游戏做法： 每组学生成一列纵队均分站在每排蹦床的起点和终点。当听到教师发出"开始"口令后，每组第一名学生手持跳绳，快速上第一张蹦床，跳绳依次经过 6 张蹦床，在每张蹦床上需要展现不同的跳绳方法。到终点后，把跳绳交给下一名学生进行接力，速度最快的组获胜，输的组为赢的组点赞。

游戏图解：

扫码观看视频

拓展提示

更换蹦床上并脚跳绳的动作，如开合跳绳、弓步跳绳等。

121. 1分钟蹦床跳绳竞赛

适合对象： 12岁以上的学生。

游戏价值： 巩固学生在蹦床上的叉腰跳、弓步跳、开合跳动作，提高学生身体对蹦床弹性的控制和反应能力，培养学生的规则意识和团队精神。

相关练习： 地面单摇跳绳、蹦床上立臂跳。

器材准备： 蹦床12张，跳绳12根。

注意事项： 场地平整，周边无其他障碍物；游戏前进行充分的热身；在蹦床上跳跃时控制好身体的平衡和稳定，注意跳绳时绳子与身体的协调配合。

游戏组织： 12张蹦床摆成两排，每排6张，每排相邻蹦床间隔1米；学生两人一组进行游戏。

游戏做法： 每组中一名学生手持跳绳站在蹦床上，另一名学生站在蹦床下当裁判计数。当听到教师发出"开始"口令后，蹦床上的学生进行1分钟并脚单摇跳绳，结束后两人轮换继续游戏。在蹦床上1分钟内跳绳个数最多的学生获胜，每组中输的学生完成地面跳绳100次。

游戏图解：

拓展提示

　　在蹦床上边跳绳边完成有难度的蹦床动作，以提高身体的平衡能力。

扫码观看视频

122. 蹦床跳跃障碍赛

适合对象： 12岁以上的学生。

游戏价值： 提高学生在蹦床上连续跳跃的能力，发展学生的弹跳能力和速度，培养学生奋勇向前、团队协作的精神。

相关练习： 团身跳、立臂跳。

器材准备： 蹦床12张，体操垫10个，敏捷圈2个。

注意事项： 场地平整，周边无其他障碍物；游戏前进行充分的热身；在蹦床上跳跃时注意不要被体操垫绊倒。

游戏组织： 12张蹦床摆成两排，每排6张，两排蹦床间隔一定距离，每排6张蹦床紧贴摆放，每两张蹦床中间立1个体操垫，最后一张蹦床后摆放1个敏捷圈；学生分两组进行游戏。

游戏做法： 当听到教师发出"开始"口令后，学生上第一张蹦床通过指定的跳跃动作越过体操垫跳到下一张蹦床上，依次进行，之后从最后一张蹦床上准确地跳进敏捷圈，从敏捷圈出来再原路以相同的动作返回与下一名学生击掌接力，要求跳跃时双脚不能触碰到体操垫。速度快的组获胜，输的组进行才艺表演。

游戏图解：

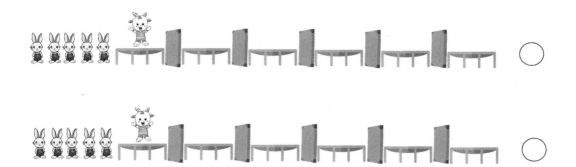

扫码观看视频

拓展提示

　　调整每排相邻蹦床之间的距离，设置不同的跳跃障碍动作。

123.蹦床跳远积分赛

适合对象： 12岁以上的学生。

游戏价值： 提高学生的跳远能力，发展学生的弹跳能力和协调性，培养学生不怕困难、团队协作的精神。

相关练习： 立定跳远、蹦床上基础跳跃。

器材准备： 蹦床4张，记分牌1个。

注意事项： 场地平整，周边无其他障碍物；游戏前进行充分的热身；跳远时控制好身体的重心，以防摔倒；游戏过程中不要在蹦床上肆意跑动。

游戏组织： 4张蹦床摆成一列，相邻蹦床间隔1米；学生分4组进行游戏。

游戏做法： 4组学生分别排成一队站在4张蹦床后面，蹦床前面画若干条目标线，线的一端标上对应的积分，每两条相邻线间隔10厘米。学生在蹦床上完成5个团身跳或指定动作后，接着跳远落地，跳远落地处安排一名学生进行安全保护。以脚跟为落点，根据每条线上标注的对应积分，比一比哪组获得的积分最多，积分最多的组获胜。

游戏图解：

拓展提示

调整蹦床与第一条线的距离，增加两条相邻线的间距。

扫码观看视频

124. 蹦床投掷实心球积分赛

适合对象： 12岁以上的学生。

游戏价值： 提高学生的实心球投掷能力，发展学生的力量和协调性，培养学生不怕困难、勇往直前的精神。

相关练习： 持球跳跃、投掷实心球。

器材准备： 蹦床12张，实心球2个，数字标志碟20个。

注意事项： 场地平整，周边无其他障碍物；游戏前进行充分的热身；游戏过程中在蹦床上跳跃时将实心球抓稳，防止掉落踩到摔倒。

游戏组织： 12张蹦床摆成两排，每排6张，每排相邻蹦床间隔0.5米，在每排最后一张蹦床后一定距离的放置距离不等的①至⑩号数字标志碟；学生分两组进行游戏。

游戏做法： 两组排头的学生手持实心球在蹦床后面做准备。听到开始的指令后，学生手持实心球跳过每张蹦床，直至跳到最后一张蹦床时，将实心球投向数字标志碟，投到几号标志碟即得到相应的积分，没有投到则不得分，投后捡回实心球原路以相同动作返回，将实心球交给下一名学生，依此类推，在规定时间内，投到数字标志碟累计积分多的组为胜，输的组模仿鸭子走。

游戏图解：

扫码观看视频

拓展提示

调整标志碟摆放的距离，调整实心球的重量。

125. 蹦床套圈赛

适合对象： 12岁以上的学生。

游戏价值： 提高学生连续跳跃的能力，发展学生的下肢力量和协调性，培养学生坚持到底、团队协作的精神。

相关练习： 投掷练习、蹦床上立臂跳。

器材准备： 蹦床12张，标志桶2个，敏捷圈数个。

注意事项： 场地平整，周边无其他障碍物；游戏前进行充分的热身；在蹦床上跳跃时控制好身体的平衡和稳定；游戏过程中保持注意力集中。

游戏组织： 12张蹦床摆成两排，每排6张，两排蹦床间隔一定距离，每排6张蹦床紧贴摆放，在最后一张蹦床后1米处放置1个标志桶；学生分两组进行游戏。

游戏做法： 每组学生手持敏捷圈在每排蹦床前列队站好做准备。游戏开始后，每组的第一名学生上蹦床，双手高举敏捷圈，立臂跳依次通过一排蹦床，在最后一张蹦床上将敏捷圈套向标志桶，抛出敏捷圈后，再从地面折返跑回起点，与下一名学生击掌完成接力，依次进行，在规定时间内，敏捷圈套中标志桶多的组获胜，输的组进行才艺展示。

游戏图解：

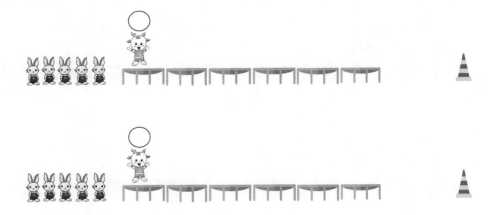

拓展提示

　　调整标志桶摆放的距离，在蹦床上进行不同动作类型的跳跃。

扫码观看视频

126. 单脚传接球

适合对象: 12岁以上的学生。

游戏价值: 提高学生的平衡能力，发展学生的协调性，培养学生坚持到底、团队协作的精神。

相关练习: 单脚平衡练习。

器材准备: 蹦床12张，篮球12个。

注意事项: 场地平整，周边无其他障碍物；游戏前进行充分的热身；蹦床上的学生先控制好身体平衡再进行传接球。

游戏组织: 12张蹦床摆成两排，每排6张，每排相邻蹦床间隔1米；学生两人一组进行游戏。

游戏做法: 每组中一人在蹦床上单脚平衡站立，另一人在蹦床下双手胸前持球，两人相距1米。游戏开始后，蹦床下的学生将球传给蹦床上的学生，蹦床上的学生单脚平衡站立接球，1分钟内传接球次数最多的组获胜。传接球过程中球不能落地，球落地一次扣除两次传接球数量。在蹦床上单脚平衡站立的学生抬起脚后不能落下，否则扣除两次传接球数量。

游戏图解:

扫码观看视频

拓展提示

调整传接球距离；设计不同的传球动作。

127. 跳高我最棒

适合对象: 12岁以上的学生。

游戏价值: 提高学生立定跳远的能力,发展学生的弹跳能力和协调性,培养学生积极进取、勇往直前的精神。

相关练习: 原地跳箱、立定跳远。

器材准备: 蹦床12张,跳箱12个。

注意事项: 场地平整,周边无其他障碍物;跳箱高度设置合理;游戏前进行充分的热身;游戏过程中增加保护的学生。

游戏组织: 12张蹦床摆成4排,每排3张;学生分4组进行游戏。

游戏做法: 每排每张蹦床后按照从低到高的顺序摆放3个跳箱,分别代表1、2、3分。学生在第一张蹦床上完成5个团身跳后跳至第一个跳箱上为通过第一关,记1分;随即进行第二关,即从第二张蹦床上跳至第二个跳箱上为通过第二关,记2分;依此类推,通过第三关,则记3分。在每一名学生挑战时教师派另外几名学生进行安全保护。组内学生依次通关,游戏结束后,积分最多的组获胜,积分最少的组收拾器材或进行才艺展示。

游戏图解:

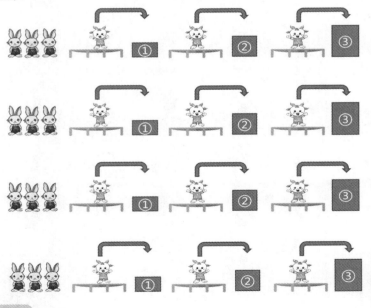

拓展提示

调整跳箱的高度,在蹦床上完成不同类型的难度动作。

扫码观看视频

128. 蹦床动作接龙赛

适合对象： 12岁以上的学生。

游戏价值： 发展学生的下肢力量、协调性和耐力，培养学生顽强拼搏、团队协作的精神。

相关练习： 蹦床上行走与跳跃。

器材准备： 蹦床12张。

注意事项： 场地平整，周边无其他障碍物；游戏前进行充分的热身；编排的动作应符合安全要求。

游戏组织： 12张蹦床摆成两排，每排6张，两排蹦床间隔一定距离，每排6张蹦床紧贴摆放；学生分两组进行游戏。

游戏做法： 两组学生在蹦床上面对面站立，进行动作接龙比赛，接龙比赛中可以结合舞蹈、体操、健美操等元素。游戏开始后，两组学生进行动作接龙，动作不可重复，直到对方不能完成接龙动作为止，最后通过两组的比拼，分别决出最佳创意动作、最佳难度动作、最佳编排动作。

游戏图解：

拓展提示

发挥学生的想象力，增加编排动作的难度。

扫码观看视频

129. 蹦床接力抢答赛

适合对象： 12岁以上的学生。

游戏价值： 提高学生在蹦床上的移动能力，发展学生的速度和协调性，培养学生奋勇向前、团队协作的精神。

相关练习： 立定跳远、蹦床上行走与跳跃。

器材准备： 蹦床12张。

注意事项： 场地平整，周边无其他障碍物；游戏前进行充分的热身；游戏过程中不要在蹦床上肆意跑动。

游戏组织： 12张蹦床摆成两排，每排6张，两排蹦床间隔一定距离，每排6张蹦床紧贴摆放；学生分两组进行游戏。

游戏做法： 两组学生分别站在两排蹦床前成一列纵队做准备。当听到教师说出闯关问题时，每组第一名学生向前跳跃，到达最后一张蹦床上抢答，抢答成功的学生留在终点等待其他学生，抢答失败的学生则须原路返回继续闯关，依此类推，直到一组学生通关集结完毕，先集结完毕的组获胜。学生向前跳跃时中途不能停顿，若停顿须从头开始。抢答的知识为与体育与健康和蹦床相关的知识。

游戏图解：

拓展提示

调整蹦床的间距；变化跳跃的动作。

扫码观看视频

130. 最佳编排小能手

适合对象：12 岁以上的学生。

游戏价值：发展学生的速度和灵敏性，培养学生的团队精神。

相关练习：蹦床基础难度动作练习。

器材准备：蹦床 12 张。

注意事项：场地平整，周边无其他障碍物；游戏前进行充分的热身；编排的动作应符合安全要求；游戏过程中不要在蹦床上肆意跑动。

游戏组织：12 张蹦床摆成两排，相邻蹦床间隔 1 米；学生两人一组进行游戏。

游戏做法：每组学生面对面站在蹦床上。教师根据一段音乐引导学生进行蹦床上组合动作的编排，教师规定具体的时长，以及说明动作的范围和编排的规则。各组学生在相应的区域进行编排和练习，之后所有组进行展示，每组给另外几组评分，最后得分高的组获胜。

游戏图解：

拓展提示

增加编排动作的难度，编排内容中可以融入舞蹈、体操、健美操等元素。

扫码观看视频

131. 高空降落伞

适合对象： 12岁以上的学生。

游戏价值： 锻炼学生的协调性和反应能力，发展学生的力量和灵敏性。

相关练习： 团身跳、分腿跳。

器材准备： 蹦床12张，胶布1卷。

注意事项： 场地平整，周边无其他障碍物；游戏前进行充分的热身；在跳跃时保持身体的平衡和稳定。

游戏组织： 12张蹦床摆成两排，每排6张，相邻蹦床间隔1米；学生分两组进行游戏。

游戏做法： 每张蹦床中心点用胶布贴上一个"十"字。游戏开始后，每组学生根据教师指定的动作在蹦床上进行比拼，如团身跳5个。在5个团身跳落下时要踩准蹦床中心点的"十"字，踩中一次则加1分，最后踩中"十"字次数最多的组获胜。

游戏图解：

拓展提示

设计不同动作或采用不同的组合动作进行比拼；调整"十"字的大小。

扫码观看视频

132. 超人会飞

适合对象： 12岁以上的学生。

游戏价值： 提高学生的下肢爆发力，发展学生的速度和协调性，培养学生的团队精神。

相关练习： 蹦床上跳箱、助跑跳上蹦床。

器材准备： 蹦床2张，目标物2个。

注意事项： 场地平整，周边无其他障碍物；游戏前进行充分的热身；调整好助跑的距离和位置；在跳上蹦床时保持身体平衡，防止滑倒。

游戏组织： 2张蹦床间隔2米摆放；学生分两组进行游戏。

游戏做法： 游戏开始后，学生通过助跑跳上蹦床，再通过蹦床的反弹作用，使身体向上跃起，教师在蹦床前上方放置固定触碰的目标物，学生跃起时双手触碰目标物，在挑战中没触碰到目标物则被淘汰。教师不断地增加目标物的高度，最后触碰最高目标物的学生获得"小超人"称号。

游戏图解：

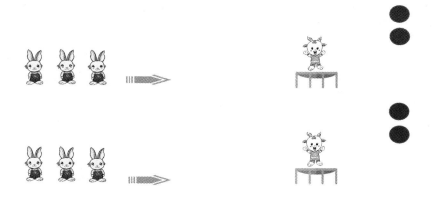

拓展提示

　　设置不同的助跑距离；助跑跳上蹦床后做不同的动作，如分腿跳、立臂跳等。

扫码观看视频

149

133.核心力量大比拼

适合对象： 12岁以上的学生。

游戏价值： 发展学生的核心力量及上肢力量，培养学生团队协作的精神。

相关练习： 平板支撑、直臂支撑移动。

器材准备： 蹦床12张，排球2个。

注意事项： 场地平整，周边无其他障碍物；游戏前进行充分的热身。

游戏组织： 12张蹦床摆成两排，每排6张，两排蹦床间隔一定距离，每排6张蹦床紧贴摆放；两排蹦床最后分别放置1个排球；学生分两组进行游戏。

游戏做法： 两组学生分别成一列纵队站在两排蹦床前做准备，当听到教师发出"开始"口令后，每组第一名学生迅速以平板支撑的方式移动通过每张蹦床，下最后一张蹦床后完成一次长臂滚球，球放在原地后迅速跑回起点与下一名学生击掌接力，后面的学生依次进行，先完成接力赛的组获胜。

游戏图解：

拓展提示

将长臂滚球的动作换成原地运球5次或其他动作等；根据学生能力调整移动的距离。

扫码观看视频

134.竞速九宫格比拼赛

适合对象： 12岁以上的学生。

游戏价值： 巩固学生的开合跳、分腿跳、团身跳动作，发展学生的手眼协调能力、上下肢协调能力和下肢爆发力，培养学生合作竞争的精神。

相关练习： 蹦床上行走与跳跃、基础难度动作练习。

器材准备： 蹦床12张，敏捷圈9个，两种花球各数个。

注意事项： 场地平整，周边无其他障碍物；游戏前进行充分的热身；保持合适的跳跃高度，防止摔倒；在跳跃时保持身体平衡和稳定。

游戏组织： 12张蹦床摆成两排，每排6张，两排蹦床间隔一定距离，每排6张蹦床紧贴摆放，在距离两排蹦床末端1.5米处摆放9个敏捷圈（即九宫格）。学生分两组进行游戏。

游戏做法： 每名学生手持1个花球，两组学生各持一种花球，当听到教师发出"开始"口令后，完成教师在每张蹦床上设置的不同动作，然后从最后一张蹦床上跳下，跑到九宫格前将花球放好，迅速返回与下一名学生进行击掌接力。率先将同种的3个花球连成一条线的组获胜。

游戏图解：

拓展提示

　　增加蹦床上带臂跳、分腿跳、团身跳动作数量；设置不同的摆放图案，提高学生的思维能力。

扫码观看视频

135. 蹦床投篮赛

适合对象： 12岁以上的学生。

游戏价值： 巩固学生在蹦床上的跳跃及投准技能，发展学生的速度、协调性、爆发力等身体素质，培养学生奋勇向前、团队协作的精神。

相关练习： 蹦床上行走与跳跃、投篮练习。

器材准备： 蹦床12张，花球4个，篮球4个，篮球架4个。

注意事项： 场地平整，周边无其他障碍物；游戏前进行充分的热身；设置好篮球架与最后一张蹦床之间的距离；在蹦床上跳跃时将花球夹好，防止掉落。

游戏组织： 12张蹦床摆成4排，每排3张，4排蹦床间隔一定距离，每排3张蹦床紧贴摆放；每排蹦床后一定距离处放置1个篮球架；学生分4组进行游戏。

游戏做法： 当听到教师发出"开始"口令后，学生两手持握篮球，膝间夹1个花球，依次跳跃经过每张蹦床，在最后一张蹦床上投篮，投进篮筐则得1分，然后将花球和篮球带回交给下一名学生，其余学生依次进行。最后统计每组进球的数量，进球数量最多的组获胜。游戏过程中跳跃时须双脚同时落地，且花球和篮球不能掉落，如其中任何一个掉落，则返回起点重新开始。

游戏图解：

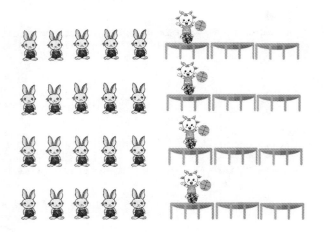

扫码观看视频

136. 猜拳大比拼

适合对象： 12岁以上的学生。

游戏价值： 巩固学生对蹦床的控制能力，发展学生的下肢力量、速度和协调性，培养学生奋勇向前、团队协作的精神。

相关练习： 蹦床上行走与跳跃。

器材准备： 蹦床6张，花球数个。

注意事项： 场地平整，周边无其他障碍物；游戏前进行充分的热身；游戏过程中不要在蹦床上肆意跑动。

游戏组织： 6张蹦床紧贴摆成一排；学生分两组进行游戏。

游戏做法： 两组学生分别站在蹦床的两端，两端的第一名学生手拿花球站到蹦床上。游戏开始后，两组第一名学生通过单脚跳的方式前行，两人跳至相邻的两张蹦床上时，通过"石头、剪刀、布"的形式决出胜负，赢的一方继续前进一格，输的一方保持不动，再进行"石头、剪刀、布"，直到一方到达对面，到达对面的一方则由下一名学生向前移动进行比拼。率先全员通过蹦床到达对面的组获胜。

游戏图解：

拓展提示

将单脚跳动作换成不同形式的跳跃动作；调整蹦床的数量和间距，增加跳跃的距离。

扫码观看视频

137. 跳山羊我最棒

适合对象： 12 岁以上的学生。

游戏价值： 提高学生对蹦床的控制能力，发展学生的下肢力量、速度和协调性，培养学生克服困难、奋勇向前的精神。

相关练习： 助跑跳山羊、分腿跳。

器材准备： 蹦床 2 张。

注意事项： 场地平整，周边无其他障碍物；游戏前进行充分的热身；跳跃时控制好身体的重心，防止摔倒；把握好跳跃的高度，防止撞到当山羊的学生身上。

游戏组织： 两张蹦床间隔 2 米摆放；学生分两组进行游戏。

游戏做法： 每组一名学生当山羊，当山羊的学生按照教师的指令不断增加高度。游戏开始后，每组学生通过 5 米助跑跳上蹦床，然后身体腾空跃过山羊，没有跃过山羊的学生被淘汰，不再进行下一组高度的挑战，本组则失去一位成员。最后剩下学生多的组获胜。

游戏图解：

扫码观看视频

拓展提示

　　调整助跑的距离；改变跳山羊的动作，如团身动作跳过等。

138.蹦床扣篮

适合对象： 12岁以上的学生。

游戏价值： 加强学生对蹦床的控制能力，发展学生的下肢力量、速度和协调性，培养学生克服困难、奋勇向前的意志。

相关练习： 蹦床上行走与跳跃、低篮架扣篮。

器材准备： 蹦床2张，篮球架2个，篮球数个。

注意事项： 场地平整，周边无其他障碍物；游戏前进行充分的热身；在跳跃时双手持好篮球保持身体平衡。

游戏组织： 两张蹦床间隔1.5米，每张蹦床后0.5米的位置处摆放1个篮球架；学生分两组进行游戏。

游戏做法： 两组学生每人手持1个篮球成纵队站立于蹦床后3~5米处。游戏开始后，每组第一名学生通过直线助跑跳上蹦床，通过蹦床的反弹作用将身体腾空进行扣篮，后面的学生依次进行蹦床扣篮，最后统计每组扣进篮球的数量，数量多的组获胜。

游戏图解：

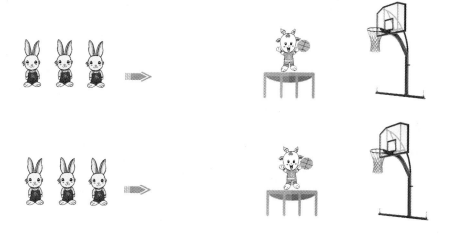

扫码观看视频

拓展提示

调整助跑的距离；改变投篮的方式，如单手投篮、双手投篮或单手上篮。

139. 蹦床排球垫球

适合对象： 12岁以上的学生。

游戏价值： 加强学生对蹦床的控制能力，提高学生的垫球能力，发展学生的上肢力量和协调性，培养学生团队协作的精神。

相关练习： 原地垫球、移动垫球。

器材准备： 蹦床6张，排球2个。

注意事项： 场地平整，周边无其他障碍物；游戏前进行充分的热身；垫球时保持好身体与球之间的距离；抛球的学生不要将球乱扔乱掷。

游戏组织： 6张蹦床摆成两列，每列3张，两列蹦床间隔一定距离；学生分两组进行游戏。

游戏做法： 每组中一名学生担任抛球手，另外3名学生站在蹦床上进行垫球。游戏开始后，进行1分钟计时，抛球手不断地向蹦床上的学生抛球，蹦床上的学生则垫球给抛球手，垫球一次得1分，垫球过程中如果球落地则扣3分，最后统计每组的分数，分数高的组获胜，输的组为赢的组表演一个节目。

游戏图解：

扫码观看视频

140. 蹦床移动垫球

适合对象： 12岁以上的学生。

游戏价值： 加强学生对蹦床的控制能力，提高学生的移动垫球能力，发展学生的上肢力量和协调性，培养学生团队协作的精神。

相关练习： 移动垫球、原地垫球。

器材准备： 蹦床6张，排球1个。

注意事项： 场地平整，周边无其他障碍物；游戏前进行充分的热身；垫球时保持好身体与球之间的距离；抛球的学生不要将球乱扔乱掷。

游戏组织： 6张蹦床摆放两排，各蹦床之间紧贴；学生两人一组进行游戏。

游戏做法： 每组中一名学生担任抛球手，另一名学生站在蹦床上移动垫球。游戏开始后，进行1分钟计时，抛球手不断地变换位置向蹦床上的学生抛球，相同位置不能连续抛球，蹦床上的学生则移动垫球给抛球手，垫球一次得1分，垫球过程中如果球落地则扣3分，最后统计每组的得分，得分最多的组获胜，得分最少的组表演一个节目。

游戏图解：

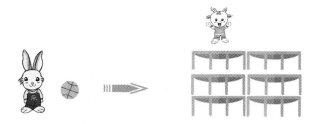

调整垫球的距离和高度，调整游戏的时长。

扫码观看视频

141. 蹦床击高远球

适合对象： 12岁以上的学生。

游戏价值： 提高学生羽毛球击高远球的能力和对蹦床的控制能力，发展学生的上、下肢力量和协调性，培养学生团队协作的精神。

相关练习： 羽毛球击高远球、羽毛球发球。

器材准备： 蹦床6张，羽毛球拍1副，羽毛球1个。

注意事项： 场地平整，周边无其他障碍物；游戏前进行充分的热身；在蹦床上移动时控制好移动范围，防止摔倒；游戏过程中不要勉强去接对方击过来的球。

游戏组织： 6张蹦床摆成两排，各蹦床之间紧贴；学生两人一组进行游戏。

游戏做法： 每组中一名学生手持羽毛球拍站在蹦床上，另一名学生一手持羽毛球拍，另一手持羽毛球站在蹦床下。游戏开始后，进行1分钟计时，两人相互击球，使羽毛球不落地，击球一次得1分，击球过程中如果球落地则扣3分，最后统计每组的得分，得分最多的组获胜，得分最少的组下课后整理器材。

游戏图解：

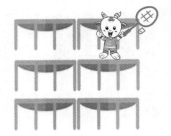

拓展提示

调整游戏难度，加大移动击球的范围。

扫码观看视频

142. 蹦床篮球胸前传接球

适合对象： 12岁以上的学生。

游戏价值： 提高学生篮球胸前传接球的能力和对蹦床的控制能力，发展学生的上肢力量，培养学生团队协作的精神。

相关练习： 篮球传接球、篮球移动传接球。

器材准备： 蹦床6张，篮球1个。

注意事项： 场地平整，周边无其他障碍物；游戏前进行充分的热身；在蹦床上移动时不要踩到篮球，防止摔倒；篮球传接球过程中两人保持合适的距离。

游戏组织： 6张蹦床摆成两排，每排3张，相邻蹦床间隔2～3米；学生两人一组进行游戏。

游戏做法： 每组两名学生面对面站在蹦床上。游戏开始后，进行1分钟计时，两名学生通过不断地移动进行篮球胸前传接球，传接球过程中不允许篮球落地，如果篮球落地则扣除3次传接球，最后统计每组1分钟传接球的数量，1分钟传接球数量最多的组获胜，传接球数量最少的组下课后整理器材。

游戏图解：

拓展提示

改变传接球的方式，调整两人移动的距离，以增加游戏的难度。

扫码观看视频

143. 传球入圈

适合对象： 12岁以上的学生。

游戏价值： 提高学生在蹦床上立臂跳的技术和篮球传接球的能力，发展学生的上、下肢力量和协调性，培养学生团队协作、积极向上的精神。

相关练习： 篮球传接球、篮球投篮。

器材准备： 蹦床6张，呼啦圈2个，篮球2个。

注意事项： 场地平整，周边无其他障碍物；游戏前进行充分的热身；将呼啦圈摆放至合适的高度；篮球传接球过程中两人保持合适的距离。

游戏组织： 6张蹦床摆成两排，每排3张，两排蹦床间隔一定距离，每排3张蹦床紧贴摆放；学生分两组进行游戏。

游戏做法： 每排中间的蹦床上有一名学生手举呼啦圈进行立臂跳，其余组员分两队站立于一排蹦床的两端。游戏开始后，每组学生使手中的篮球穿过呼啦圈传到对面学生手中，每传球一次就换后面学生传接球，直到本组所有成员都完成了一次传接球，最后率先完成传球入圈比赛的组获胜。

游戏图解：

拓展提示

调整呼啦圈的口径和位置，调整游戏难度。

扫码观看视频

144. 跳远的我最棒

适合对象： 12岁以上的学生。

游戏价值： 提高学生的下肢爆发力，发展学生的协调性，培养学生顽强拼搏、积极向上的精神。

相关练习： 立定跳远、蹦床上行走与跳跃。

器材准备： 蹦床2张，呼啦圈8个。

注意事项： 场地平整，周边无其他障碍物；游戏前进行充分的热身；助跑跳跃时控制好身体的平衡；跳跃下落时不要踩到呼啦圈的边缘。

游戏组织： 2张蹦床摆成一列，蹦床间隔2米，每张蹦床前摆放4个呼啦圈，直线助跑距离为3～5米；学生分两组进行游戏。

游戏做法： 游戏开始后，每组学生通过直线助跑跳上蹦床，通过蹦床反弹作用再跳跃至前面4个呼啦圈中的1个，呼啦圈由近到远分别是1分、2分、3分、4分，学生依次进行跳跃，最后积分高的组获胜。

游戏图解：

拓展提示

调整呼啦圈的摆放位置，设置不同的跳跃动作，调整游戏难度。

扫码观看视频

145. 翻山越岭

适合对象： 12岁以上的学生。

游戏价值： 提高学生的下肢爆发力，加强学生的前滚翻动作技术，培养学生顽强拼搏、积极向上的精神。

相关练习： 前滚翻、蹦床上行走与跳跃。

器材准备： 蹦床4张，跳箱4个，呼啦圈2个。

注意事项： 场地平整，周边无其他障碍物；合理摆放器材，保持安全距离；游戏前进行充分的热身；游戏过程中不要在蹦床上肆意跑动。

游戏组织： 设置两条赛道，每条赛道中摆放两张蹦床，每张蹦床前摆放1个跳箱（保持适中距离，根据学生身高设置），第二个跳箱前再摆放1个呼啦圈；学生分两组进行游戏。

游戏做法： 游戏开始后，每组学生在第一张蹦床上完成5次叉腰跳，接着在第一个跳箱上做一个前滚翻，然后在第二张蹦床上进行5次叉腰跳，再穿越呼啦圈在第二个跳箱上做一个前滚翻，身体尽量不触碰到呼啦圈，后面的学生依次进行，最后动作完成得又快又好的组获胜。

游戏图解：

拓展提示

在蹦床上完成不同难度的动作；调整通过赛道的不同内容，可以加入发展协调性、平衡能力等的内容。

扫码观看视频

146. 蹦床红绿灯

适合对象： 12 岁以上的学生。

游戏价值： 发展学生的平衡能力、协调性和下肢力量，培养学生对体育的兴趣。

相关练习： 单脚跳、蹦床上行走与跳跃。

器材准备： 蹦床 12 张。

注意事项： 场地平整，周边无其他障碍物；游戏前进行充分的热身；在蹦床上单脚跳时控制好身体的平衡；游戏过程中不要在蹦床上肆意跑动。

游戏组织： 12 张蹦床摆成 3 排，每排 4 张，相邻蹦床间隔 1 米；学生分 3 组进行游戏。

游戏做法： 游戏开始后，教师分别喊出"红灯""绿灯""黄灯"，学生按照教师指令做出相应的动作。"绿灯"时，蹦床上的学生做双脚跳；"黄灯"时，蹦床上的学生做单脚跳；"红灯"时，蹦床上的学生停止跳跃。游戏时长为 1 分钟，各组学生轮流进行，在游戏过程中如没有按照教师指令做动作的扣 1 分，如都按照教师指令做动作则得 10 分，最后得分最高的组获胜。

游戏图解：

拓展提示

根据学生的能力，设置红绿灯不同的动作类型。

扫码观看视频

147. 蹦床竹竿舞

适合对象： 12岁以上的学生。

游戏价值： 发展学生的反应能力、协调性和下肢力量，培养学生团队协作的意识和不怕困难的精神。

相关练习： 跳绳、跳皮筋。

器材准备： 蹦床8张，竹竿8根。

注意事项： 场地平整，周边无其他障碍物；游戏前进行充分的热身；注意蹦床上的学生与蹦床下的学生配合，防止跳跃时踩到竹竿或被竹竿夹到；注意选择合适的竹竿，也可以用绳子代替。

游戏组织： 8张蹦床摆成4列，每列2张，相邻蹦床间隔1.5米；学生4人一组进行游戏。

游戏做法： 每组两名学生分别在2张蹦床上，另两名学生分别在2张蹦床两端的地面上手持2根竹竿。每轮游戏计时1分钟，游戏开始后，蹦床上的学生进行开合跳，蹦床下的学生配合着蹦床上学生的动作移动竹竿，如在开合跳过程中触碰到竹竿则本组被扣1分，游戏总共进行4轮，最后扣分最少的组获胜。

游戏图解：

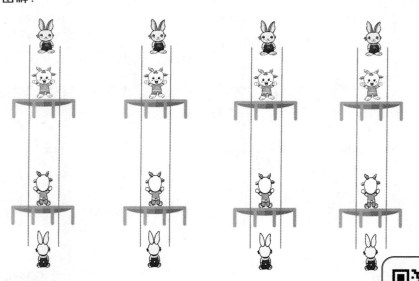

拓展提示

在蹦床上进行不同动作的跳跃；加快竹竿的移动速度，或改变竹竿的移动方式。

扫码观看视频

148. 蹦床沙包赛

适合对象： 12岁以上的学生。

游戏价值： 发展学生的反应能力、协调性和下肢力量，培养学生不怕困难、团队协作的精神。

相关练习： 丢沙包、投壶。

器材准备： 蹦床4张，沙包数个。

注意事项： 场地平整，周边无其他障碍物；游戏前进行充分的热身；学生在跑动时不要踩到沙包，防止摔倒。

游戏组织： 4张蹦床成长方形摆放，每张蹦床上站一名学生且放置多个沙包，蹦床围成的长方形框架中能容纳10～15名学生。

游戏做法： 当听到教师发出"开始"口令后，蹦床上的学生需要上下跳跃，同时将沙包投向中间的学生，中间的学生通过快速移动来躲避沙包，被沙包击到的学生被淘汰。游戏时长2分钟，结束后留在场上的学生赢得比赛，获得"闪电侠"称号。

游戏图解：

拓展提示

　　设置游戏的跑动区域，如加大或缩小学生的跑动范围；增加或缩短游戏的时长。

扫码观看视频

149. 小兔子快回家

适合对象： 12岁以上的学生。

游戏价值： 提高学生对蹦床的控制能力，发展学生的灵敏性和跳跃能力，培养学生积极进取的精神和诚信自律的品质。

相关练习： 叉腰跳、蹦床上行走与跳跃。

器材准备： 蹦床12张。

注意事项： 场地平整，周边无其他障碍物；游戏前进行充分的热身；追捕过程中，不要两名学生在同一张蹦床上跳跃。

游戏组织： 12张蹦床成长方形摆放，相邻蹦床间隔1.5米；学生分组进行游戏。

游戏做法： 每张蹦床上站一名学生。游戏开始后，蹦床下有一名追捕者和一名被追捕者，蹦床（安全屋）上的学生处于安全状态不能被追捕但需要不停地跳跃，被追捕者如要进入安全屋需要喊安全屋中学生的名字，并且从蹦床上的学生前面进入安全屋。进入安全屋后原蹦床上的学生必须下来，成为被追捕者，如被抓到，则与追捕者互换身份。

游戏图解：

拓展提示

　　改变追捕的方式，如用跳跃的方式等；设置游戏的跑动区域，如加大或缩小学生的跑动范围。

扫码观看视频

150.蹦床接球扣篮

适合对象： 12岁以上的学生。

游戏价值： 发展学生的肌肉爆发力和下肢力量，提高学生在蹦床上的跳跃能力和篮球技术，培养学生不怕困难/顽强拼搏的精神。

相关练习： 助跑跳上蹦床、蹦床上跳跃摸高。

器材准备： 蹦床2张，篮筐2个，篮球2个。

注意事项： 场地平整，周边无其他障碍物；游戏前将篮筐调至合适的高度；游戏前进行充分的热身；游戏过程中学生有序进行扣篮。

游戏组织： 2张蹦床间隔一定距离摆放，每张蹦床后0.5米的位置放置1个篮筐；学生分两组进行游戏。

游戏做法： 两组学生在距离蹦床3～5米处列队做准备，教师在篮筐下举着球。游戏开始后，学生通过直线助跑踏上蹦床，接过教师手中的篮球，通过蹦床的反弹作用将身体腾空进行扣篮，后面学生依次进行蹦床接球扣篮，扣篮命中一次积1分，积分高的组获胜。

游戏图解：

扫码观看视频

拓展提示

增加篮筐的高度；调整蹦床与篮筐的间距。